Organização estrutural
e funcional do hospital

O selo DIALÓGICA da Editora InterSaberes faz referência às publicações que privilegiam uma linguagem na qual o autor dialoga com o leitor por meio de recursos textuais e visuais, o que torna o conteúdo muito mais dinâmico. São livros que criam um ambiente de interação com o leitor – seu universo cultural, social e de elaboração de conhecimentos –, possibilitando um real processo de interlocução para que a comunicação se efetive.

EDITORA
intersaberes

Organização estrutural e funcional do hospital

Teresinha Covas Lisboa

EDITORA intersaberes

Rua Clara Vendramin, 58 . Mossunguê
CEP 81200-170 . Curitiba . PR . Brasil
Fone: (41) 2106-4170
www.intersaberes.com
editora@editoraintersaberes.com.br

Conselho editorial
Dr. Ivo José Both (presidente)
Dr.ª Elena Godoy
Dr. Nelson Luís Dias
Dr. Neri dos Santos
Dr. Ulf Gregor Baranow

Editora-chefe
Lindsay Azambuja

Supervisora editorial
Ariadne Nunes Wenger

Analista editorial
Ariel Martins

Preparação de originais
Gilberto Girardello Filho

Capa
Charles L. da Silva (design)
Suwin/Shutterstock (imagem)

Projeto gráfico
Charles L. da SIlva (design)
MSSA/Shutterstock (imagem)

Diagramação
Renata Silveira

Iconografia
Regina Claudia Cruz Prestes

Dados Internacionais de Catalogação na Publicação (CIP)
(Câmara Brasileira do Livro, SP, Brasil)

Lisboa, Teresinha Covas
Organização estrutural e funcional do hospital/
Teresinha Covas Lisboa. Curitiba: InterSaberes, 2016.
(Série Princípios da Gestão Hospitalar)

Bibliografia.
ISBN 978-85-5972-200-0

1. Hospitais – Administração 2. Serviços de
saúde – Administração – Brasil I. Título. II. Série.

16-06396   CDD-362.1068

Índices para catálogo sistemático:
1. Administração de serviços de saúde: Técnicas de organização 362.1068

1ª edição, 2016.
Foi feito o depósito legal.
Informamos que é de inteira responsabilidade da autora a emissão de conceitos.
Nenhuma parte desta publicação poderá ser reproduzida por qualquer meio ou forma sem a prévia autorização da Editora InterSaberes.
A violação dos direitos autorais é crime estabelecido na Lei n. 9.610/1998 e punido pelo art. 184 do Código Penal.

Sumário

9 *Dedicatória*
11 *Agradecimentos*
15 *Prefácio*
17 *Apresentação*
19 *Como aproveitar ao máximo este livro*

Capítulo 1
23 **Estruturação do serviço hospitalar**
25 1.1 Estrutura física e legislação
28 1.2 Estrutura organizacional
32 1.3 Hierarquia e organização
36 1.4 Terceirização
41 1.5 Desenho estrutural

Capítulo 2
61 **Composição do quadro de colaboradores**
63 2.1 Recursos humanos no hospital
68 2.2 Dimensionamento de pessoal

Capítulo 3
77 **Funções setoriais, cargos e comissões nos níveis de assistência do hospital**
79 3.1 Funções gerenciais
80 3.2 Atividades exercidas em hospitais
82 3.3 Comissões nos níveis de assistência do hospital

Capítulo 4

87 Classificação dos níveis de atenção em saúde por especialidade de assistência

89   4.1 Conceitos gerais
98   4.2 Tipos de estabelecimentos de saúde
100   4.3 Avaliação do padrão hospitalar (público e privado)
100   4.4 Acreditação hospitalar

Capítulo 5

105 Cadastro Nacional de Estabelecimentos de Saúde

107   5.1 Conceito e características do Cadastro Nacional de Estabelecimentos de Saúde
110   5.2 O setor hospitalar no Brasil
115   5.3 Índice de Desenvolvimento Humano (IDH)
117   5.4 Classificação Brasileira de Ocupações

123   *Para concluir...*
125   *Lista de siglas*
127   *Referências*
137   *Anexo 1*
151   *Anexo 2*
157   *Anexo 3*
163   *Anexo 4*
167   *Anexo 5*
179   *Respostas*
183   *Sobre a autora*

Dedicatória

À minha família, pela parceria e
dedicação em todos os momentos.
Aos profissionais da área de saúde,
pela convivência, pelos ensinamentos
e pela amizade.

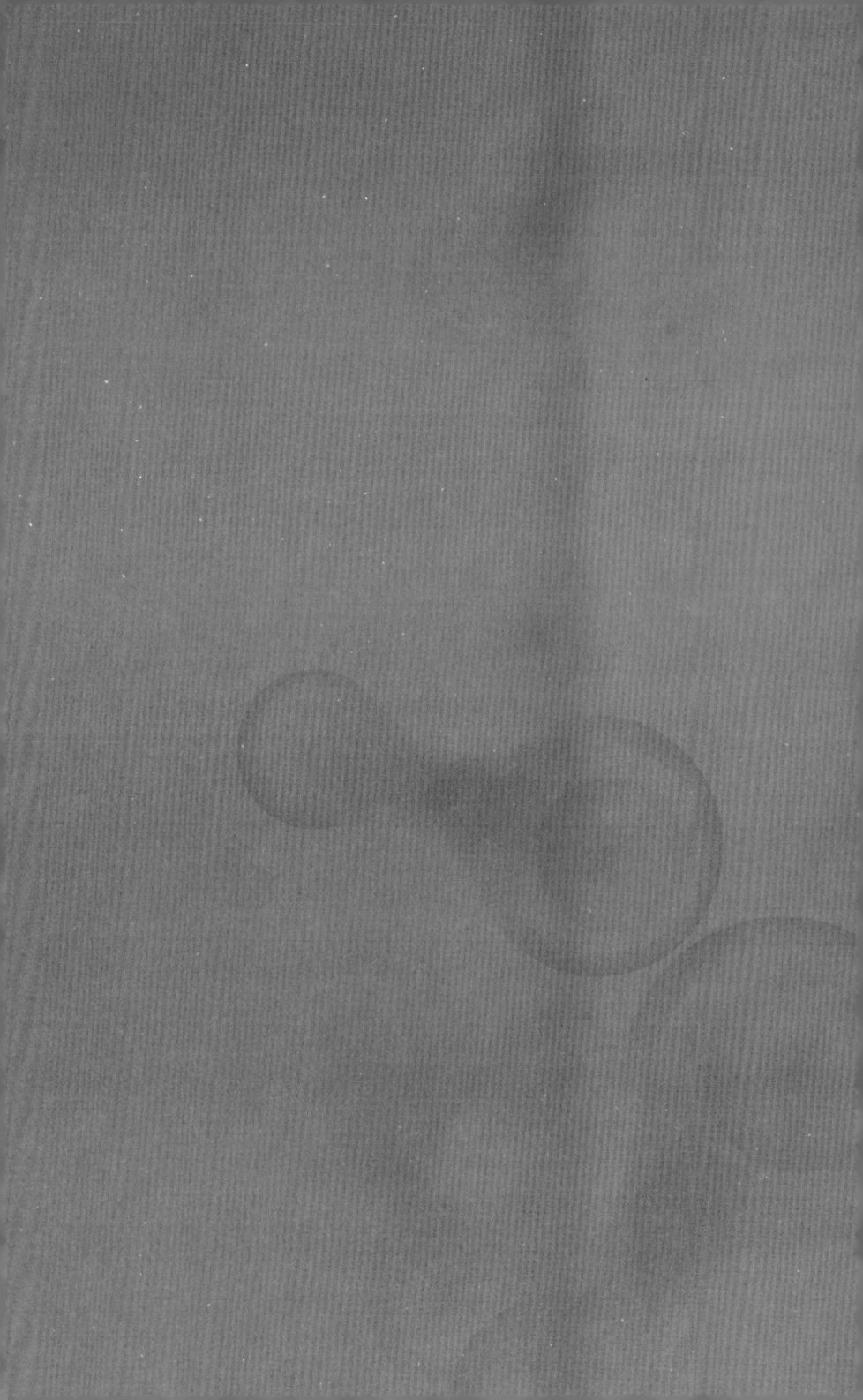

Agradecimentos

Aos meus alunos das universidades, que sempre estiveram presentes em minhas pesquisas e publicações.

Aos colaboradores da TCL Consultoria e Assessoria S/C Ltda.

Aos professores que sempre participaram de minha vida acadêmica.

Ao administrador Paulo Roberto Segatelli Câmara, pela elaboração do prefácio.

Para que o administrador hospitalar seja um profissional autêntico, tem que ostentar ao menos duas condições: ter boa qualificação profissional e qualidades pessoais específicas.

Niversindo Antônio Cherubin e Naírio Augusto dos Santos (2012, p. 121)

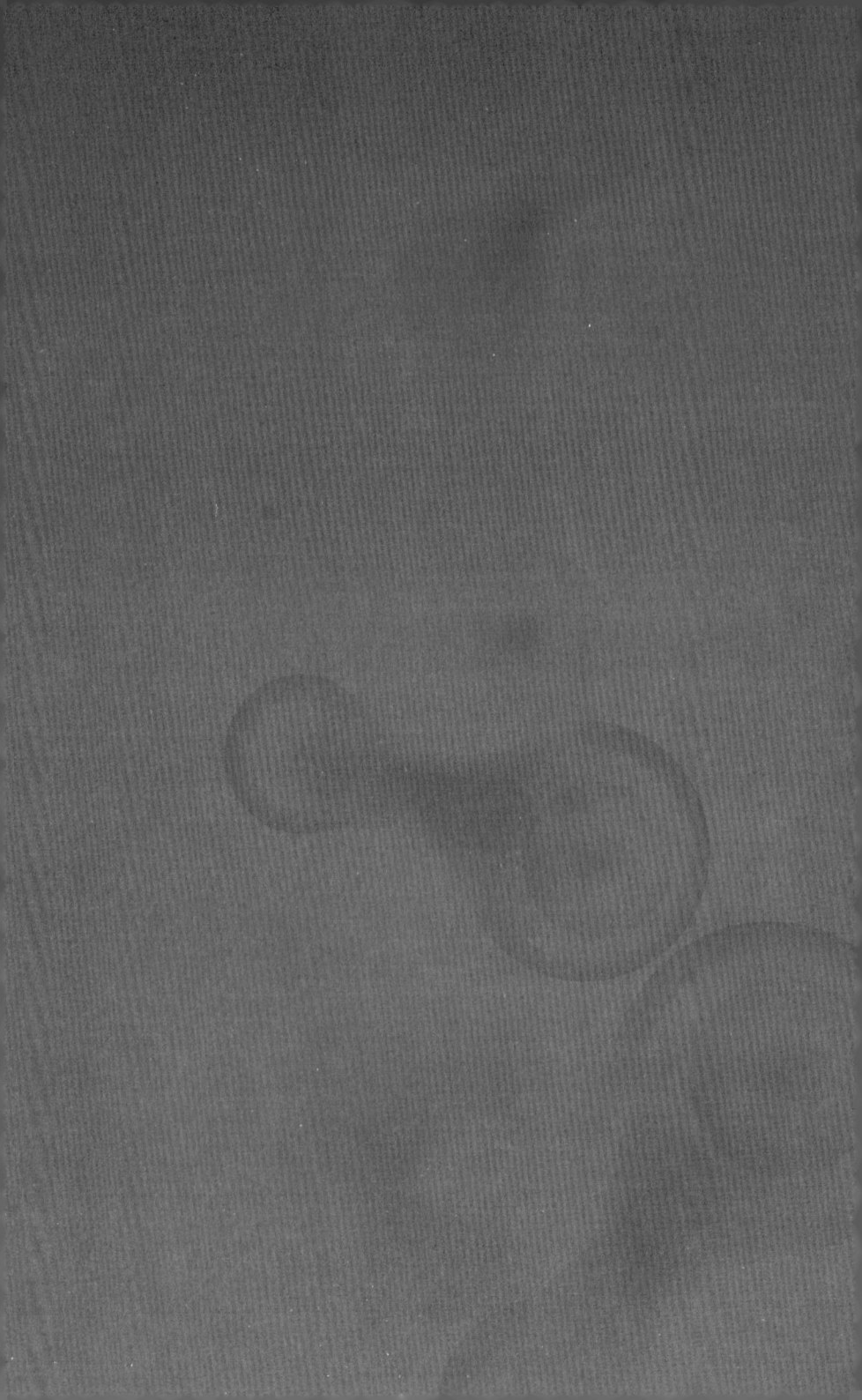

Prefácio

A complexidade dos hospitais exige uma reflexão sobre as novas estruturas e funcionalidades do setor hospitalar e sobre como os hospitais públicos e privados estão atuando.

Sentimos que novas unidades foram criadas nesse universo, exigindo competências e habilidades dos administradores e tecnólogos na área de gestão hospitalar que são necessárias para a condução do processo administrativo.

O conteúdo deste trabalho nos possibilita rever a organização estrutural e funcional dos hospitais públicos e privados, abordando a legislação vigente e os instrumentos formais dessas organizações.

A autora detalha as principais questões técnicas e a legislação vigente que envolvem o tema e, ao mesmo tempo, oferece um material bibliográfico para embasar pesquisas acadêmicas, ilustrando a exposição com estudos de casos reais.

Para o público leitor, é importante considerar com especial atenção os capítulos, cuidadosamente construídos, nos quais são demonstrados os passos para o gestor conduzir todo o processo de composição do quadro de colaboradores e são descritas as funções setoriais, bem como os cargos e as comissões nos níveis de assistência do hospital.

A apresentação dos exemplos vistos no texto favorece o entendimento dos conteúdos abordados, tanto para os estudantes como para os profissionais da área de administração hospitalar.

Esta obra contempla, portanto, um material de grande representatividade sobre o assunto, além de se constituir em grande fonte de pesquisa e de estudos para acadêmicos e profissionais da área.

Adm. Paulo Roberto Segatelli Câmara
Administrador hospitalar
Mestre em Liderança pela Universidade de Santo Amaro (Unisa)
Vice-presidente da Federación Latino Americana de La Salud
Diretor da Federação Brasileira de Administradores Hospitalares
Diretor do Sindicato das Empresas de Administração do Estado de São Paulo (Sindaesp)

Apresentação

A oportunidade de escrever este livro, apresentando teorias específicas sobre a organização estrutural e funcional dos hospitais, possibilitou elaborarmos um estudo detalhado sobre a situação da saúde no Brasil.

Nesse sentido, impõe-se trazer os temas examinados para a área acadêmica, em que docentes e discentes terão a possibilidade de lançar um olhar mais significativo para as necessidades de aperfeiçoamento dos cursos da área.

Abordamos, portanto, a estruturação do serviço hospitalar, discorrendo sobre a legislação vigente, a hierarquia, a organização e a terceirização, temas muito discutidos na atualidade. Também analisamos a composição do quadro de colaboradores, considerando seu dimensionamento e os processos de recrutamento, seleção e integração.

Na sequência, apresentamos as funções setoriais, os cargos e as comissões nos níveis de assistência dos hospitais públicos e privados. Nos capítulos finais do livro, tratamos da classificação dos níveis de atenção em saúde por especialidade de assistência, do Cadastro Nacional de Estabelecimentos de Saúde (CNES) e da Classificação Brasileira de Ocupações (CBO).

Com este livro pretendemos, assim, contribuir para a construção de um referencial teórico, prático e analítico que possa subsidiar as principais discussões sobre a área de gestão hospitalar.

Como aproveitar ao máximo este livro

Este livro traz alguns recursos que visam enriquecer seu aprendizado, facilitar a compreensão dos conteúdos e tornar a leitura mais dinâmica. São ferramentas projetadas de acordo com a natureza dos temas que vamos examinar. Veja a seguir como esses recursos se encontram distribuídos no decorrer desta obra.

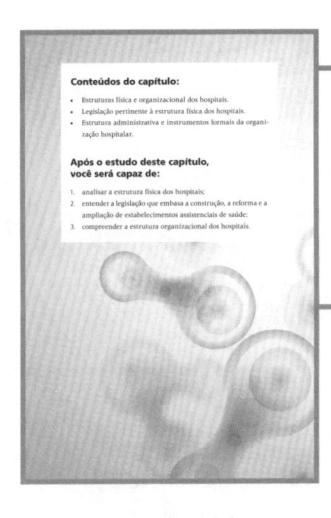

Conteúdos do capítulo:

Logo na abertura do capítulo, você fica conhecendo os conteúdos que nele serão abordados.

Após o estudo deste capítulo,
você será capaz de:

Você também é informado a respeito das competências que irá desenvolver e dos conhecimentos que irá adquirir com o estudo do capítulo.

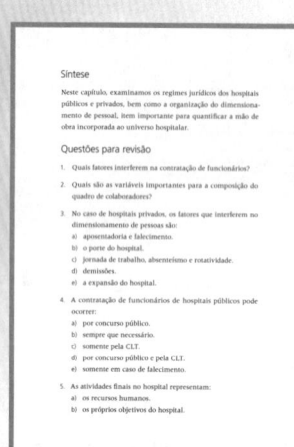

Síntese

Você dispõe, ao final do capítulo, de uma síntese que traz os principais conceitos abordados.

Questões para revisão

Com estas atividades, você tem a possibilidade de rever os principais conceitos analisados. Ao final do livro, a autora disponibiliza as respostas às questões, a fim de que você possa verificar como está sua aprendizagem.

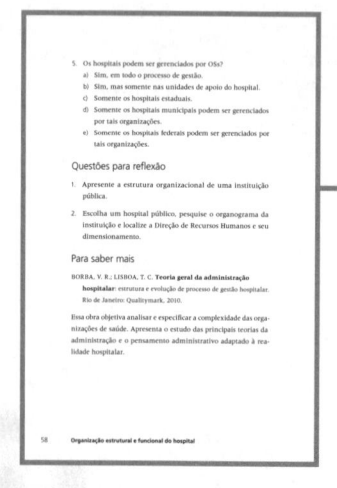

Questões para reflexão

Nesta seção, a proposta é levá-lo a refletir criticamente sobre alguns assuntos e a trocar ideias e experiências com seus pares.

Para saber mais

Você pode consultar as obras indicadas nesta seção para aprofundar sua aprendizagem.

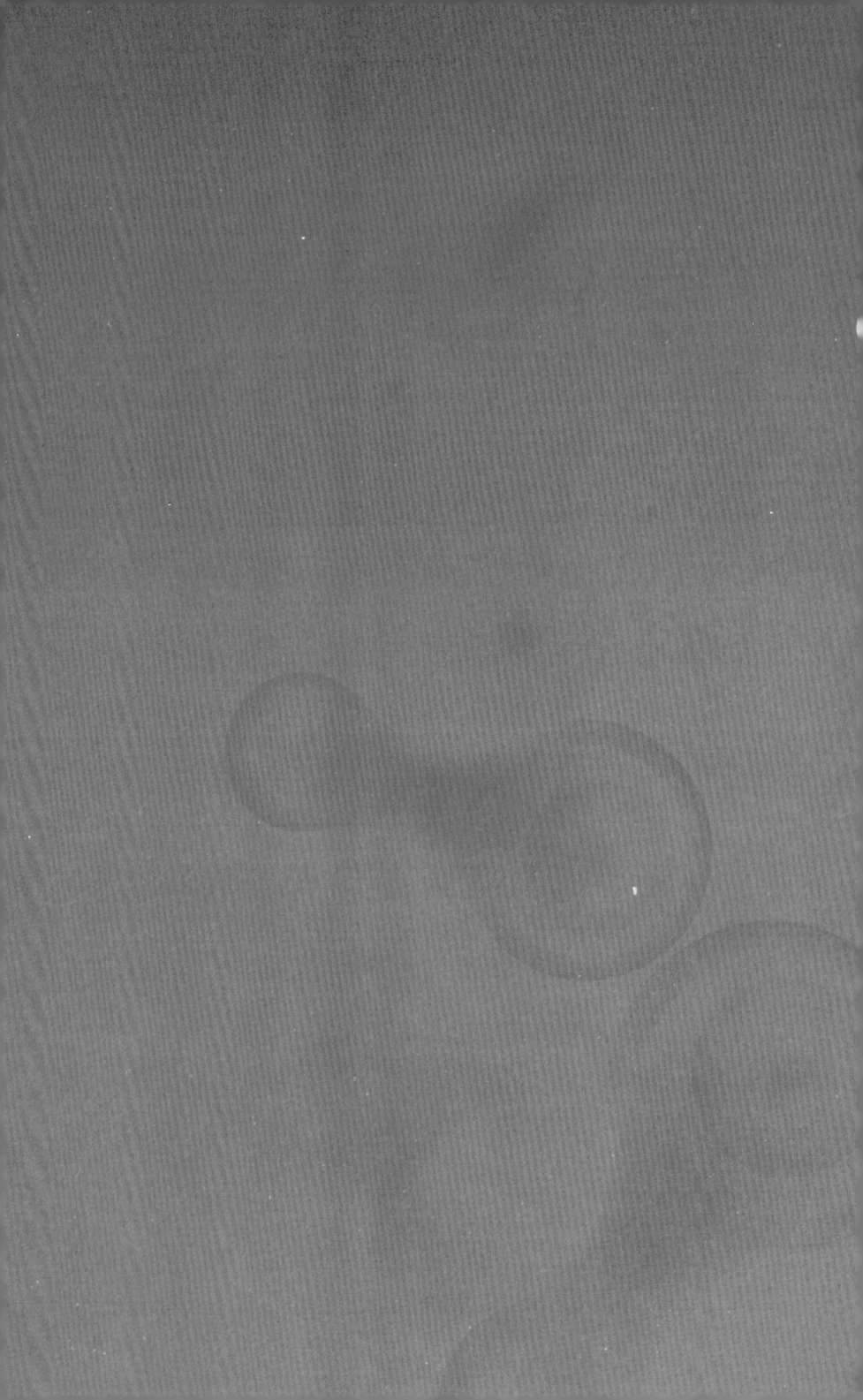

Capítulo 1
Estruturação do serviço hospitalar

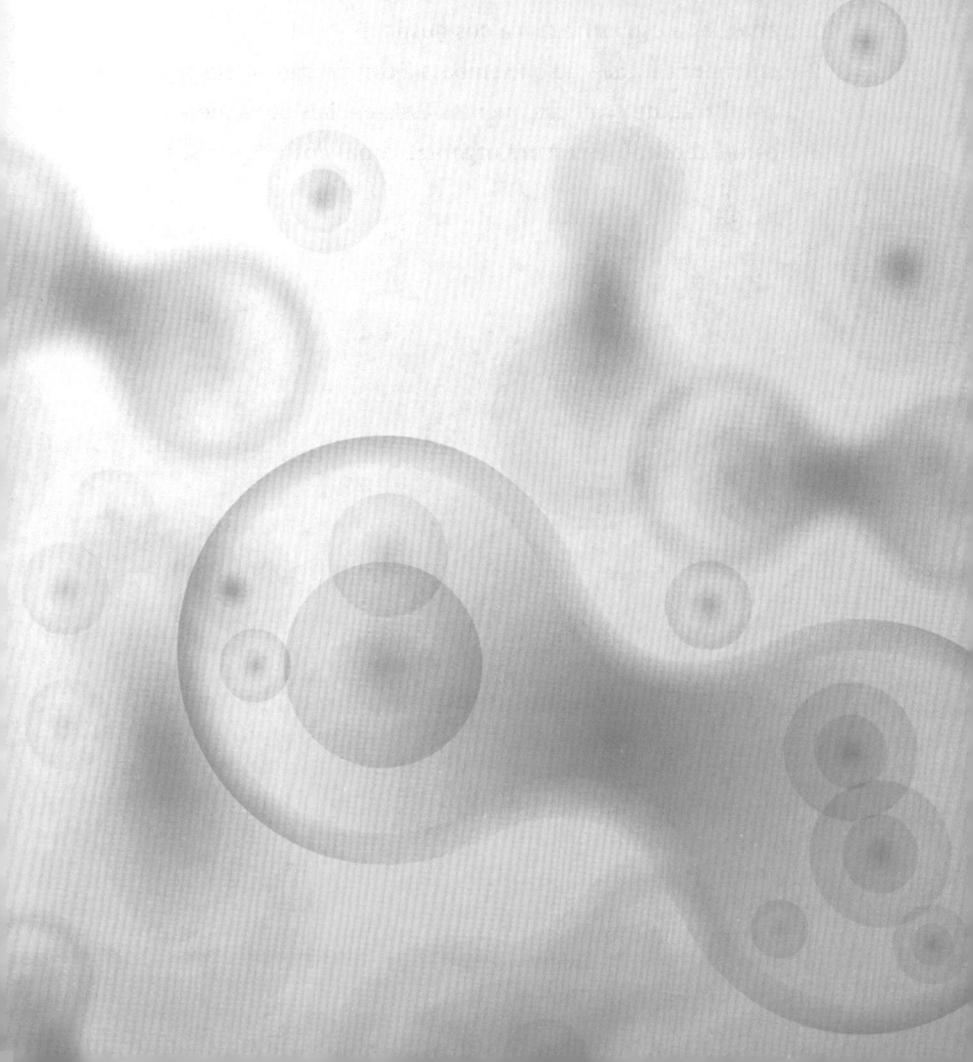

Conteúdos do capítulo:

- Estruturas física e organizacional dos hospitais.
- Legislação pertinente à estrutura física dos hospitais.
- Estrutura administrativa e instrumentos formais da organização hospitalar.

Após o estudo deste capítulo, você será capaz de:

1. analisar a estrutura física dos hospitais;
2. entender a legislação que embasa a construção, a reforma e a ampliação de estabelecimentos assistenciais de saúde;
3. compreender a estrutura organizacional dos hospitais.

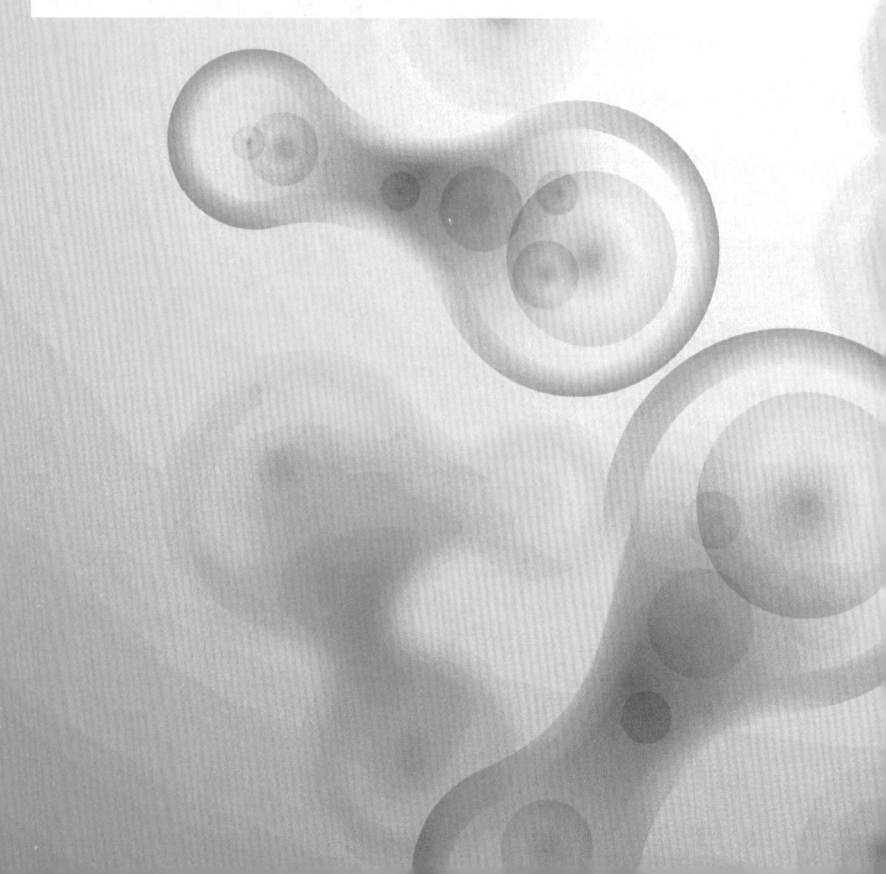

O objetivo deste capítulo, o mais extenso de todo este trabalho, será apresentar a legislação pertinente à estrutura física dos hospitais, bem como as especificações das áreas que os compõem. Esse tema é importante porque é necessário cumprir as normas referentes ao desenho arquitetônico do hospital para que este não apresente, por exemplo, espaços que possibilitem a disseminação de infecção hospitalar.

É relevante conhecer as normas para projetos físicos de estabelecimentos assistenciais de saúde, pois se trata de documentos que normatizam as instituições públicas e privadas. É preciso considerar, primeiramente, que o projeto arquitetônico do estabelecimento assistencial de saúde (EAS) prioriza espaços físicos sem cruzamentos, visando à configuração de um fluxo que propicie qualidade de vida para pacientes e colaboradores.

Abordaremos também a organização e estruturação administrativa hospitalar, examinando o desenho organizacional, a distribuição de funções e os sistemas de atividade, de autoridade e de comunicação.

Finalmente, analisaremos os temas referentes aos instrumentos formais da organização hospitalar, por meio dos quais são realizados o planejamento e o controle organizacionais: organogramas, manuais de rotina e procedimentos operacionais padrão (POPs).

1.1 Estrutura física e legislação

Para Bergue (2011, p. 224), "estrutura, em sentido amplo, pode ser definida como uma combinação de elementos, formando um conjunto de partes integradas". Para dar início ao estudo deste capítulo, primeiramente, vamos pensar no espaço físico do hospital, onde pessoas circulam e máquinas e equipamentos estão instalados.

A Agência Nacional de Vigilância Sanitária (Anvisa) aprovou, em 2002, o regulamento técnico destinado ao planejamento, à programação, à elaboração, à avaliação e à aprovação dos projetos físicos de estabelecimentos assistenciais de saúde (EASs).

Um EAS é definido como "qualquer edificação destinada à prestação de assistência à saúde da população, que demande o acesso de pacientes em regime de internação ou não, qualquer que seja o seu nível de complexidade" (Anvisa, 2014, p. 40). A legislação que ampara essa definição é a RDC (Resolução da Diretoria Colegiada da Anvisa) n. 50, de 21 de fevereiro de 2002 (Brasil, 2002a), alterada pela RDC n. 307, de 14 de novembro de 2002 (Brasil, 2002b). Para o trânsito e permanência de pessoas no hospital, portanto, é necessário atender a essa legislação, amparada pelo que está registrado também no Serviço de Controle de Infecção Hospitalar. É importante que a legislação que rege esse serviço seja incluída nos programas de treinamento e de educação permanente – no caso, a Portaria n. 2.616, de 12 de maio de 1998 (Brasil, 1998b), do Ministério da Saúde.

No tocante às precauções e aos riscos de acidentes de trabalho e doenças ocupacionais, é necessário observar a Norma Regulamentadora n. 32 (NR-32) (Brasil, 2005) – especificada na Portaria n. 3.214, de 8 de junho de 1978 (Brasil, 1978), do Ministério do Trabalho, que aprovou as normas relativas à Segurança e Medicina do Trabalho –, bem como a RDC n. 36, de 25 de julho de 2013 (Brasil, 2013a), que instituiu ações para a segurança do paciente e a melhoria da qualidade em serviços de saúde.

Qualquer edificação da área de saúde necessita estar amparada pela legislação, para oferecer qualidade de vida no trabalho e bem-estar aos pacientes e acompanhantes, bem como aos colaboradores, considerando-se que todos estão em primeiro plano. Tal regulamentação se aplica a instituições como hospitais, casas de repouso, *spas*, laboratórios, clínicas odontológicas, clínicas de cirurgia plástica e clínicas de fisioterapia.

A ausência de conforto ambiental e humano nas instituições de saúde, especificamente nos hospitais, acarreta o excesso ou a falta de calor, umidade, ventilação ou renovação do ar, além de ruídos intensos ou constantes, iluminação deficitária e odores, elementos que diminuem a motivação para o trabalho e limitam a recuperação do paciente.

Quando a instituição hospitalar investe no edifício e no arranjo do interior, os resultados são configurados na humanização da assistência à saúde e, segundo Del Nord (citado por Anvisa, 2014, p. 20), o conforto oferecido pode:

- *promover a redução do estresse e da fadiga dos profissionais de saúde e melhoria da eficácia assistencial;*
- *melhorar a segurança do paciente;*
- *reduzir o estresse no paciente e ampliar a possibilidade do êxito clínico;*
- *promover melhoria ampla da qualidade da prestação da assistência.*

Outro aspecto a ser considerado é o fato de evitar-se a infecção cruzada, ocasionada pela transmissão de microrganismos de um paciente para outro, geralmente pelo contato pessoal, pela ocupação do mesmo ambiente ou pelo uso de instrumentos contaminados.

Para a minimização de risco da infecção cruzada, a descontaminação do ambiente é a primeira preocupação que a administração do hospital precisa ter, para oferecer condições ambientais aos funcionários e pacientes.

A proposta de construção, ampliação ou reforma do edifício hospitalar exige a presença do administrador hospitalar, bem como de arquitetos e engenheiros, além de membros da hotelaria hospitalar e da Comissão de Controle de Infecção Hospitalar (CCIH).

1.2 Estrutura organizacional

De acordo com Robbins (2000, p. 170), a estrutura organizacional "define como as tarefas são formalmente divididas, agrupadas e coordenadas", isto é, trata-se da forma como a organização é desenhada para atingir seus objetivos.

Atualmente, o hospital é visto como uma empresa. Podemos afirmar que é uma "organização com características muito peculiares, que se distingue das demais empresas pelo seu tipo de atividade, como prestadora de serviços, mas quanto aos seus fins, pode variar" (Lisboa, 1993, p. 106).

As organizações hospitalares são prestadoras de serviços e se caracterizam pela intangibilidade, inseparabilidade, variabilidade e perecibilidade (Cobra, 2001). São avaliadas no ato da compra do serviço, momento no qual a qualidade também é avaliada.

A primeira característica do serviço hospitalar é a **intangibilidade**, a ausência de aspectos físicos, o que não permite um exame prévio, antes da aquisição do serviço. Cobra (2001) afirma que tal serviço não pode ser armazenado, não tem aparência estética, tampouco apresenta gosto ou cheiro. Podemos citar como exemplo o atendimento na recepção do hospital.

Outra qualidade é a **inseparabilidade**, a qual se refere ao fato de o consumo não poder ser separado dos seus meios de produção. Conforme Cobra (2001), o produtor de serviços de saúde e o usuário interagem de uma forma tal que o serviço é consumido pelo paciente enquanto está sendo produzido, como é o caso de serviços de laboratório, serviços de enfermagem e serviços médicos.

Ainda segundo Cobra (2001), uma terceira qualidade é a **variabilidade**, que corresponde ao não estabelecimento de padrões rígidos de desempenho, pois o serviço de saúde, ao mesmo tempo que é produzido, é consumido. Por exemplo, um paciente sofre um acidente e é atendido por vários profissionais (socorristas, médicos, enfermeiros, fisioterapeutas).

Esse serviço também apresenta **perecibilidade**, que, de acordo com Cobra (2001), está relacionada ao fato de um serviço de saúde não poder ser estocado, pois é preciso administrar a demanda em função da oferta. Se houver disponibilidade de atendimento médico, odontológico, laboratorial ou hospitalar, é necessário estimular o consumo do serviço, em conformidade com os princípios éticos (Kuazaqui; Lisboa; Gamboa, 2005). O atendimento no pronto-socorro é um exemplo.

Na qualidade de empresas, os hospitais podem ser agrupados em três grandes blocos, de acordo com a razão social e sua finalidade:

1. públicos (federais, estaduais e municipais);
2. privados com fins lucrativos;
3. privados sem fins lucrativos.

No último caso, estão englobados os hospitais de benemerência, as instituições ligadas a entidades de classe, grupos religiosos e associações filantrópicas. No Brasil, existem cerca de 2.600 instituições filantrópicas. Atualmente, as Santas Casas são classificadas como hospitais filantrópicos (Femipa, 2016).

Embora cada um dos três tipos de empresa hospitalar apresente aspectos próprios no que se refere à administração, todos têm em comum o fato de que, atualmente, em qualquer circunstância, o hospital é entendido como uma empresa e é gerido como tal. Isto é, não se regula por atitudes pessoais ou filosóficas, mas por métodos e normas comuns à moderna administração empresarial, aplicados a cada situação. Segundo Borba (1991, p. 43), "o hospital é uma empresa, por si, de alta complexidade, tanto nos seus aspectos orgânicos estruturais, como na sua localização no mercado".

De acordo com Gonçalves (1987, p. 38): "Na sociedade contemporânea, o papel do hospital vem se ampliando. Ele é hoje uma organização complexa, que utiliza tecnologia sofisticada e que precisa ter uma reação dinâmica a exigências de um meio ambiente em constante mudança". Ainda conforme o autor, o hospital tem quatro funções:

> 1º) prestação de atendimento médico e complementar a doentes em regime de internação; 2º) prevenção de doenças, mediante o atendimento integral à população da região onde se encontra; 3º) participação em programas de natureza comunitária; 4º) integração ativa do hospital no sistema de saúde. (Gonçalves, 1987, p. 39-40)

Embora a primeira função seja evidente, deve ser ressaltada como principal, pois é preciso evitar que a população fique sem atendimento.

Talvez a prevenção, segunda função apontada por Gonçalves, não seja função específica do hospital, mas é indispensável no Brasil, em vista da situação de carência de atendimento primário e de agentes de saúde preparados para as ações preventivas.

Trata-se de uma iniciativa governamental, pois a prevenção é uma atitude constitucionalmente creditada aos governantes.

A terceira função é especial para as pequenas cidades e áreas periféricas, e, segundo Gonçalves (1987, p. 38-39), faz-se

indispensável desenvolver a consciência dessas responsabilidades, entre os integrantes do grupo funcional do hospital. Para tanto, poderá ser desenvolvido programa específico de treinamento de pessoal, adequado para os mais variados níveis, com vistas até mesmo à preparação de uma equipe multiprofissional.

A última função é consequência de um fenômeno universal e depende de uma tecnologia sofisticada, tanto no campo do diagnóstico quanto no de tratamento.

A estrutura organizacional hospitalar varia muito e se diferencia das demais organizações, uma vez que vários cargos são próprios e outros, terceirizados. A especialização e a complexidade do hospital criam essa diferenciação e são formalmente divididas, agrupadas e coordenadas de acordo com a atividade que será exercida.

A especialização dos cargos gera a departamentalização dos serviços. Para Robbins (2000, p. 172), "a base na qual os cargos são agrupados é chamada de departamentalização". Porém, não podemos esquecer que o excesso de divisão do trabalho pode gerar a fragmentação de tarefas, prejudicando a integração e provocando o esquecimento de quem deve ser o centro das atenções, o paciente.

A estrutura organizacional é representada pelo organograma, que indica a hierarquia existente, as linhas de comunicação, as assessorias e o grau de autoridade de cada unidade de trabalho.

Os hospitais públicos que possuem acima de 500 leitos têm utilizado a estrutura matricial, a qual, segundo Robbins (2000, p. 186), "designa especialistas de departamentos funcionais específicos para trabalharem em uma ou mais equipes interdisciplinares, as quais são conduzidas por líderes de projetos". São exemplos desse caso o Instituto do Câncer, o Instituto do Coração, os Hospitais de Clínicas e as Santas Casas.

1.3 Hierarquia e organização

Atualmente, além do atendimento oriundo do Sistema Único de Saúde (SUS), há o serviço prestado por operadoras e seguradoras de saúde. Esse tipo de atendimento também é chamado de *saúde suplementar*. Segundo a Federação Brasileira de Hospitais (FBH, 2016b), "a saúde suplementar pode ser definida como todo atendimento privado de saúde, realizado ou não por meio de um convênio com um plano de saúde". É regulamentada pela Agência Nacional de Saúde Suplementar (ANS) e pela Anvisa, vinculadas ao Ministério da Saúde, e representada por operadoras de planos privados, seguradoras e prestadores de serviço de assistência à saúde.

A ANS é a agência reguladora responsável pelo setor de planos de saúde no Brasil. Os hospitais podem ter gestão própria ou ser geridos por uma organização social (OS), que é

> *uma qualificação, um título, que a Administração outorga a uma entidade privada, sem fins lucrativos, para que ela possa receber determinados benefícios do Poder Público (dotações orçamentárias, isenções fiscais etc.), para a realização de seus fins, que devem ser necessariamente de interesse da comunidade.* (Azevedo, 1999, p. 136)

Pela Lei n. 9.637, de 15 de maio de 1998 (Brasil, 1998a), o Poder Executivo pode conceder o título de organização social a pessoas jurídicas de direito privado, sem fins lucrativos, cujas atividades sociais sejam dirigidas "ao ensino, à pesquisa científica, ao desenvolvimento tecnológico, à proteção e preservação do meio ambiente, à cultura e à saúde, atendidos os requisitos previstos nesse mesmo diploma" (Azevedo, 1999, p. 136).

No tocante às novas tendências na área hospitalar, a terceirização dos serviços de saúde, cuja gestão é praticada pelas OSs, pode agregar profissionais especializados e com larga experiência de mercado aos serviços hospitalares.

Outro aspecto importante é a geração de novos empregos, proveniente dos novos serviços disponibilizados nos hospitais, em áreas como arquitetura hospitalar, engenharia clínica, hotelaria hospitalar e gestão de riscos. Por sua vez, as legislações federal, estadual e municipal passaram a ser mais rigorosas quanto à qualidade dos serviços de saúde, exigindo adequação do ambiente, bem como o treinamento e desenvolvimento de pessoas a serviço de EASs.

Também a tecnologia da informação gerou oportunidade para novos profissionais, pois a informatização nos prontuários dos pacientes, no diagnóstico por imagens, nos laboratórios e na hotelaria, por exemplo, possibilitou a oferta de novos empregos a profissionais dessas áreas.

Desde 2008, no Brasil, alguns hospitais já praticam cirurgias com procedimentos pouco invasivos com recursos da robótica, como o Hospital Israelita Albert Einstein. "O robô reproduz os movimentos realizados pelo cirurgião em um console instalado a poucos metros do paciente, com apoio de imagens tridimensionais de alta resolução e dispositivos que permitem, por exemplo, eliminar tremores das mãos" (Paiva, 2015).

Contando com esses recursos, o hospital, como sistema aberto, tem como entrada "pessoas doentes que, submetidas a processos de diagnósticos e tratamento, são transformadas em pessoas tratadas, que são a saída do sistema" (Teixeira, 1989, p. 22-23). Nos hospitais, existe uma pluralidade de autoridade formal, observada pelo desenho organizacional (organograma), bem como a autoridade informal – presente em qualquer ambiente. A autoridade formal, com raízes históricas, posicionava o médico apenas como visitante e a enfermeira como residente. Ambas as vias de autoridade atualmente reúnem-se, no hospital moderno, acrescidas de outras, a saber: administração financeira, administração de suprimentos, administração hoteleira, administração de recursos humanos, administração de serviços de apoio etc. Berto (2007, p. 1) afirma que o hospital apresenta "características próprias, que o diferenciam de outras instituições; congregam diversas áreas funcionais interdependentes e inter-relacionadas, necessitando de um funcionamento eficiente de todos os seus componentes, a fim de compor um todo", e não um somatório de partes desagregadas.

A unidade administrativa e a harmonia de funcionamento entre as partes componentes do hospital são aspectos vitais na qualidade dos serviços ofertados. Infelizmente, existe um preconceito, naturalmente não explícito na organização formal, em relação a certas áreas de apoio no hospital que, embora sejam fundamentais para seu bom funcionamento, não são devidamente valorizadas. Muitas vezes, pela falta de motivação e de perspectiva por parte dos colaboradores, a rotatividade de mão de obra torna-se uma constante. Como exemplo do que foi citado, podemos apontar os setores de serviço de limpeza e serviço de processamento de roupas.

Somente na segunda metade do século XIX foi descoberta a relação entre higiene e controle de infecções nos hospitais. Atualmente, embora exista legislação específica e a ciência comprove a importância da higiene e da limpeza hospitalar, encontramos instituições que necessitam de ações mais ativas e treinamentos permanentes na área. Com a criação do Serviço de Controle de Infecções Hospitalares pela Portaria n. 2.616, de 12 de maio de 1998 (Brasil, 1998b), do Ministério da Saúde, a conscientização tornou-se maior, pois passaram a ser criadas comissões internas, além do desenvolvimento de interesse pelo conhecimento do uso de produtos químicos.

O hospital, apesar de ser uma organização humanitária, não deixa de ser burocrático, pois apresenta uma complexa divisão de trabalho e emprega indivíduos altamente especializados, bem como pessoas com pouca ou nenhuma especialização.

O regime de trabalho dos profissionais é bastante diversificado, até para os que atuam na mesma atividade. Como exemplo, podemos citar os médicos autônomos e outros que pertencem ao quadro do hospital.

O fluxo de trabalho do hospital também foge ao padrão do que ocorre em outras empresas, seja pela variação de seu volume, seja porque é responsável por vidas humanas. Para Teixeira (1989, p. 24), "o produto do hospital, o cuidado ao paciente, é por si só mais individualizado do que uniforme".

É importante frisar que a estrutura hospitalar, embora siga modelos flexíveis, depende do planejamento estratégico estabelecido, com o intuito de reconhecer as ameaças e as oportunidades. O estudo dos pontos fortes e fracos fixa os processos e determina as funções de cada colaborador.

Atualmente, com os selos de qualidade e acreditação, as organizações de saúde passaram a fazer revisões periódicas de seus processos.

1.4 Terceirização

Na atualidade, as organizações buscam parcerias com o obetivo de agilizar e modernizar as formas convencionais de administração. O próprio sentido de globalização estimula à participação nas modernas tendências de mercado. Assim, surge uma nova aspiração, a de criar um modelo de organização que acompanhe os critérios de modernidade.

Segundo Queiroz (citado por Torres; Lisboa, 2014, p. 367), a terceirização "é uma técnica administrativa que possibilita o estabelecimento de um processo gerenciado de transferência, a terceiros, das atividades acessórias e de apoio ao escopo das empresas que os têm como sua atividade-fim, permitindo a ela se concentrar no seu negócio, ou seja, no objetivo final".

No caso dos EASs, o modelo proposto é mais ágil e especializado, voltado para a sua atividade-fim: o atendimento com qualidade.

As empresas de saúde adotaram a terceirização como estratégia, principalmente nas unidades de apoio: limpeza, segurança, manutenção, lavanderia, logística e nutrição. Outros serviços, no entanto, que estão sendo terceirizados são: ressonância nuclear magnética, tomografia computadorizada, videoendoscopia, hemodinâmica, hemodiálise, angiografia digital, densitometria óssea, medicina nuclear, análises clínicas, anatomia patológica, ultrassonografia, ecocardiografia, entre vários outros.

Por que as organizações hospitalares optam pela terceirização? Segundo Silva et al. (2010, p. 159), elas o fazem porque:

- *é saudável – oxigena a organização, refaz ambientes e a estrutura hierárquica, dá mais autoridade e responsabilidade ao corpo funcional; faz com que a organização tenha mais condições estruturais de atuar, uma vez implementado o processo;*
- *é interessante como negócio – cada vez mais a organização precisa concentrar-se na atividade principal, buscando melhores resultados, mais positividade e produtividade, e contando com a sinergia dos esforços de empresas fornecedoras de bens e serviços;*
- *busca agilidade – com maior dinamismo, as transações internas, o corpo funcional, as relações com terceiros e a comunicação externa melhoram substancialmente a capacidade de interagir e competir nos mais diferentes mercados;*
- *tem caráter estratégico – cabe à organização perceber exatamente como colocar a terceirização a serviço do seu negócio, do ambiente organizacional.*

Atualmente, as OSs estão gerenciando hospitais municipais e estaduais, bem como Unidades de Pronto Atendimento (UPAs), dedicando-se a atender à atividade-meio que, no caso, é a administração dessas unidades. Há uma lei elaborada para reger o funcionamento das OSs: a Lei n. 9.637/1998, já mencionada.

A título de esclarecimento, existem também as organizações da sociedade civil de interesse público (Oscips), que se referem a outra espécie de organização. Esta obra trata apenas das OSs, por serem mais comuns nos hospitais. Atualmente, a Pró-Saúde é uma OS que administra vários hospitais pelo Brasil. O Instituto Nacional de Desenvolvimento Social e Humano (INDSH) também administra vários hospitais. Os hospitais Albert Einstein, Sírio-Libanês e Santa Catarina também dispõem de OSs, e o Hospital de Urgências de Goiânia (Hugo) é administrado por uma organização dessa natureza.

Ainda, serviços administrativos também podem ser terceirizados, tais como: informática, faturamento, administração de planos de saúde e gerenciamento dos serviços hospitalares.

1.4.1 Vantagens e desvantagens

Para que haja sucesso na terceirização, a administração deve estar consciente dos riscos e das oportunidades existentes. O primeiro passo é estabelecer a definição de sua atividade-fim. Em seguida, é preciso conscientizar os funcionários por meio da implantação de programas de comunicação e de esclarecimento acerca da importância da escolha desse novo sistema. A avaliação dos ganhos de qualidade e eficiência é um ponto importante, pois é necessário saber, com certeza, quanto a transferência do serviço para terceiros onera a organização (Torres; Lisboa, 2014).

Campos e Borba (2003) propõem que, no caso de **terceirização de serviços médicos-complementares**, o contrato deve prever a obrigatoriedade de renovação técnica de equipamentos e tecnologias, além de definir muito bem a forma de coordenação, o controle de receitas e custos e as formas de relacionamento entre as partes. Complementam a estrutura do contrato os seguintes itens: introdução; objetivo; partes; obrigação das partes; prazo e vigência; aspectos econômicos e financeiros; preços; formas de pagamento; condições de reajustes; juros; novação; execução das tarefas; técnicas e metodologia; indicação de uso de tecnologia e equipamentos; treinamento e desenvolvimento; parâmetros para aferição de qualidade; controles e auditorias; garantias e riscos; responsabilidades das partes; reparação de eventuais danos; forma de rescisão; multas; foro; assinaturas e testemunhas. A esse conjunto devem ser acrescidos os papéis de dois gestores especializados, cada um representando sua empresa, no sentido de serem agentes fiscalizadores do contrato.

Outra alternativa de terceirização é a **interna**, que corresponde à utilização total dos recursos disponíveis da própria instituição de saúde: máquinas, equipamentos, mobiliário, mão de obra etc. A empresa controladora administra apenas o serviço. As vantagens são: possibilidade de um melhor controle do fluxo de trabalho e avaliação constante da Comissão de Controle de Infecção Hospitalar (CCIH). A desvantagem é o não comprometimento das equipes interna e externa (Torres; Lisboa, 2014). As instituições públicas de serviços, adeptas dessa tendência, estão subordinadas ao regime de legislação específica.

O conhecimento do processo de trabalho, representado pelos recursos humanos, materiais e tecnológicos, faz parte do conjunto da qualidade dos serviços prestados. A higiene e a segurança do trabalho constituem atividades intimamente relacionadas, no sentido de garantir condições pessoais e materiais de trabalho capazes de manter certo nível de saúde dos colaboradores.

Alguns dos setores passíveis de sofrerem terceirização são a assessoria jurídica, a contabilidade, o setor de limpeza e higiene, a fisioterapia, a segurança e a nutrição.

Podemos exemplificar o exposto por meio do Serviço de Processamento de Roupas dos Serviços de Saúde (SPRSS), cuja terceirização comumente é adotada pelas OSs. Conforme apontam Torres e Lisboa (2014, p. 367), algumas das vantagens da terceirização desse serviço são:

> liberação de espaço físico; diminuição de encargos com a folha de pagamento; eliminação de problemas de conflitos interpessoais, rotatividade, absenteísmo, dispensas etc.; eliminação de despesas com compras de máquinas, equipamentos, produtos, luz, água e manutenção; menor manipulação da roupa nas organizações de saúde.

Quanto às desvantagens, podemos citar (Torres; Lisboa, 2014, p. 367):

> falta de qualidade no processamento da roupa; demora na entrega do enxoval; distância da empresa; preço excessivo do quilo da roupa; falta de controle e responsabilidade com a evasão da roupa; choque cultural entre as partes, levando ao rompimento do contrato; inobservância das ações preventivas e controladoras das infecções hospitalares.

É importante que haja uma assessoria jurídica entre as duas partes para que todas as cláusulas do contrato sejam analisadas e discutidas, evitando-se danos futuros.

Taraboulsi (2005, p. 61) afirma que "a terceirização jamais poderá ser adotada como estratégia de redução de custos, mas sim como estratégia inteligente para elevar a qualidade dos serviços de apoio e possibilitar ao gestor maior dedicação à atividade-fim da organização".

Com base no que foi descrito nas páginas anteriores, é possível concluir que o gestor hospitalar, portanto, precisa ter sensibilidade e competência para a escolha de suas parcerias, além de ter em mente que sua atividade é de comando de todo o processo.

1.5 Desenho estrutural

Os hospitais de grande porte, atualmente, são divididos em vários departamentos, gerências, serviços e unidades externas: são tidos como **hospitais de retaguarda** ou **dia**. Por sua vez, em épocas de epidemias (como a da dengue), os **hospitais de campanha** auxiliam nesse suporte para atender às emergências, isto é, são acionados em situações de catástrofe ou calamidade (de origem natural ou tecnológica).

A representação gráfica da estrutura é apresentada no organograma. Dizemos que tal representação se constitui em uma fotografia da organização em determinado momento.

A Figura 1.1 reproduz um modelo básico de organograma hospitalar.

Figura 1.1 – Exemplo de organograma hospitalar

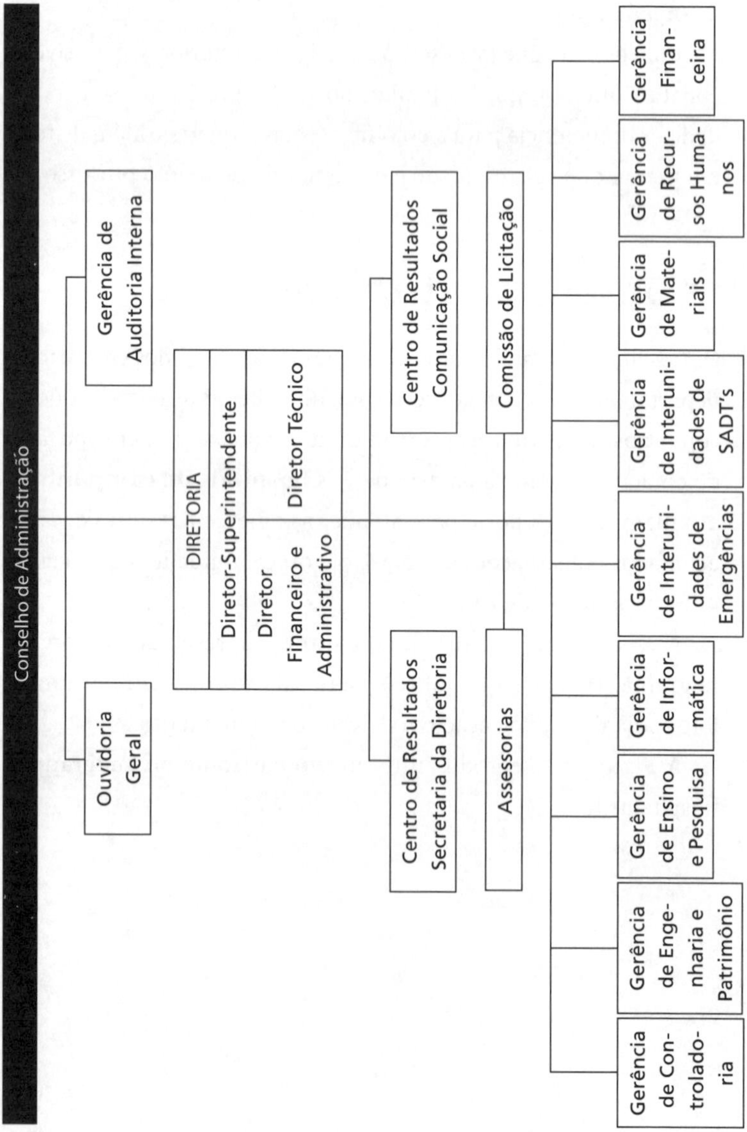

- Conselho de Administração
  - Gerência de Auditoria Interna
  - Ouvidoria Geral
  - DIRETORIA
    - Diretor-Superintendente
    - Diretor Financeiro e Administrativo
    - Diretor Técnico
  - Centro de Resultados Comunicação Social
  - Centro de Resultados Secretaria da Diretoria
  - Comissão de Licitação
  - Assessorias
  - Gerência Financeira
  - Gerência de Recursos Humanos
  - Gerência de Materiais
  - Gerência de Interunidades de SADT's
  - Gerência de Interunidades de Emergências
  - Gerência de Informática
  - Gerência de Ensino e Pesquisa
  - Gerência de Engenharia e Patrimônio
  - Gerência de Controladoria

Fonte: GHC, 2016.

Atenção: não podemos esquecer que o organograma é a mera representação de um determinado momento da organização, pois a gestão do conhecimento e o avanço tecnológico estão em constante mudança, o que gera modificações estruturais e, consequentemente, no organograma.

As estruturas podem ser caracterizadas de acordo com a estratégia escolhida pela organização hospitalar, variando em especialização, tamanho e número de funcionários.

No Quadro 1.1 constam exemplos de estruturas de acordo com a estratégia adotada.

Quadro 1.1 – Exemplos de estruturas

Estratégia	Melhor opção estrutural
Inovação	Orgânica: estrutura solta, baixa especialização, pouca formalização e descentralização.
Minimização de custos	Mecanicista: controle rígido; alta especialização do trabalho, muita formalização, bastante centralização.
Imitação	Mecanicista e orgânica: controles rígidos sobre atividades correntes.

Fonte: Adaptado de Robbins, 2000, p. 180.

É possível, portanto, utilizar um modelo estrutural de acordo com a estratégia, porém com algumas ressalvas. O tamanho do hospital traz implicações para a estrutura, pois, no caso de um grande hospital, existem mais pessoas trabalhando e muitas especializações, bem como departamentalizações, níveis hierárquicos verticais e horizontais, regulamentos e procedimentos. Os avanços científico e tecnológico também influenciam na escolha da especialidade.

O hospital poderá, ainda, criar núcleos e programas de ensino e pesquisa, caso haja interesse em manter um hospital universitário.

Teixeira (1989, p. 37) propõe também:

a. *Serviços de apoio clínico (serviço de diagnóstico e tratamentos).*
b. *Serviços técnicos: enfermagem, serviço social, alimentação, farmácia, odontologia, psicologia, fisioterapia, arquivo e estatística, biblioteca.*
c. *Serviços de apoio administrativo (apoio gerencial): são os que vão fornecer ao nível técnico o ingresso de material, energia e informações, para que as atividades finais da instituição possam ser realizadas. Eles devem desenvolver de maneira intensa as funções de planejamento e controle. Dentre esses serviços, podemos citar: recursos humanos, materiais, finanças, contabilidade (tesouraria), zeladoria, transportes, engenharia, arquitetura, processamento de roupas, serviços gerais e comunicações.*

Essas unidades devem caminhar integradas, inter-relacionadas de forma correta, com o objetivo de atingir uma qualidade total no trabalho. Para tanto, é preciso dimensionar o pessoal, capacitá-lo e oferecer-lhe educação permanente, com o intuito de que atinja a qualidade total e entenda o desenho estrutural.

Segundo Silva (2001, p. 287), os principais aspectos da administração estruturalista são os seguintes:

a. *A organização é um sistema social aberto e deliberadamente construído. Portanto, configura a estrutura hospitalar.*
b. *Os conflitos são considerados inevitáveis e até muitas vezes desejáveis, no que se refere às relações empresa-empregado. Sim, pela existência de multiprofissionais seria improvável não surgirem conflitos, principalmente em épocas de epidemia, endemias etc.*

c. *Os incentivos mistos são recomendados para a motivação dos funcionários, em lugar de recompensas materiais. No caso particular, precisamos optar por treinamentos focados na humanização do atendimento, no acolhimento e na hospitalidade. Principalmente, quando se atendem pacientes do SUS, para os quais muitos hospitais não possuem ambiente físico e serviços de hotelaria. Contamos, portanto, com a humanização no trabalho.*

d. *O sentido de* homem organizacional *em contraposição ao* homem administrativo, *do comportamentalismo ao* homem social. *É o caso do atendimento ao paciente.*

Assim, é importante que o colaborador conheça esse desenho e possa identificar seu setor, sua gerência, sua diretoria e a superintendência.

Todos os atos administrativos formalmente implantados fazem parte de um processo administrativo, o qual deve ser ágil e de fácil implantação. É necessário considerar que todo e qualquer conflito existente entre as equipes traz certo benefício, pois o funcionamento e a harmonia entre as unidades partem de discussões que levam a uma ação corretiva e ao entendimento.

Para esclarecermos melhor a estrutura organizacional, apresentamos, a seguir, o Quadro 1.2, que expõe tópicos existentes nas organizações e suas responsabilidades.

Quadro 1.2 – Tópicos para consenso entre as gerências

1. EM NÍVEL GLOBAL

- No âmbito do Conselho Técnico-Administrativo:
  - Discussão do orçamento e de parâmetros de execução.
  - Planejamento e implantação de novas unidades assistenciais e técnicas.
  - Aquisição de equipamentos de alto custo e operação complexa.
  - Desenvolvimento de programas intersetoriais (e.g., GQT – Gestão da Qualidade Total).
  - Desenvolvimento de programas de intercâmbio nacional e internacional.
  - Desenvolvimento de instrumentos adequados de publicidade.

2. GERÊNCIA MÉDICA

- Com gerência patrimonial e de engenharia de processo:
  - Desenvolvimento de novos programas e sistemas de informática destinados ao acompanhamento das atividades assistenciais.
  - Planejamento e realização de programas de manutenção preventiva de equipamentos especializados.
- Com gerência de Recursos Humanos:
  - Fixação de parâmetros de seleção de pessoal médico.
  - Planejamento e desenvolvimento de atividades de formação e capacitação.
- Com gerência de *marketing*:
  - Planejamento conjunto de programas de intercâmbio científico e de eventos médicos especializados.

3. GERÊNCIA DE ENFERMAGEM

- Com gerência patrimonial e de engenharia de processo:
  - Desenvolvimento de sistema de informações adequado para permitir avaliação do desempenho do pessoal de enfermagem e da assistência prestada ao doente.
- Com gerência de Recursos Humanos:
  - Definição de critérios para dotação de RH necessários ao atendimento da enfermagem a pacientes externos e internados.
  - Planejamento e desenvolvimento de programas de treinamento e capacitação.
- Com gerência de *marketing*:
  - Planejamento conjunto de programas de capacitação técnica e de campanhas de educação em saúde voltadas para a comunidade.

(continua)

(Quadro 1.2 – conclusão)

4. GERÊNCIA DE HOTELARIA (APOIO OPERACIONAL)

- **Com gerência patrimonial e de engenharia de processo:**
  - Desenvolvimento de parâmetros de produção e avaliação de qualidade dos setores operacionais.
  - Planejamento de reformas e adaptações físicas e de instalações nas áreas assistenciais e técnicas.
- **Com gerência de Recursos Humanos:**
  - Definição de critérios de avaliação de desempenho dos setores operacionais, com vistas a eventual terceirização.
  - Planejamento e desenvolvimento de programas de treinamento e capacitação.
- **Com gerência de *marketing*:**
  - Planejamento conjunto de programas culturais voltados para a comunidade.

5. GERÊNCIA DE MATERIAIS

- **Com gerência patrimonial e de engenharia de processo:**
  - Desenvolvimento de programas de acompanhamento de aquisição (reposição), preparação (embalagem) e distribuição de materiais.
  - Exame da necessidade de aquisição ou substituição de equipamentos.
- **Com gerência de Recursos Humanos:**
  - Planejamento e desenvolvimento de programas de treinamento e capacitação.
- **Com gerência de *marketing*:**
  - Análise e elaboração conjunta de contratos de aquisição de materiais e manutenção de equipamentos.

6. GERÊNCIA FINANCEIRA

- **Com gerência patrimonial e de engenharia de processo:**
  - Desenvolvimento de adequado sistema de informática destinado ao acompanhamento dos procedimentos de controle econômico e financeiro do hospital.
- **Com gerência de Recursos Humanos:**
  - Desenvolvimento de planos de cargos e salários e de políticas de benefícios.
- **Com gerência de *marketing*:**
  - Elaboração conjunta de instrumentos de contratação de serviços e de estabelecimento de valores e remuneração.

Fonte: Adaptado de Gonçalves, 1998, p. 87-88.

Como pode ser percebido, as gerências correspondem às unidades administrativas existentes no hospital, as quais são adaptáveis à realidade de cada ambiente de trabalho.

Estudo de caso 1

Restaurante em hospital

Imaginemos um hospital que tenha sido concebido para ter restaurante próprio, incluindo a cozinha e todas as atividades e meios pertinentes a sua operação, como preparo e cocção de alimentos, equipamentos e utensílios, profissionais (cozinheiros, ajudantes), ambiente físico etc. Para decidir sobre a viabilidade ou não de uma possível terceirização, ou seja, de atribuir a uma entidade a responsabilidade pela operação do restaurante hospitalar, os seguintes aspectos devem ser analisados:

- Força de trabalho – o que fazer com o corpo funcional? Poderá ser absorvido pelo prestador de serviços? Esse é um fator importante para a decisão, uma vez que, além de envolver pessoas, pode ter implicações trabalhistas.
- Investimentos – ter atividades verticalizadas (em vez de terceirizadas) exige investimentos constantes e em áreas de conhecimento e gestão alheias às atividades-fim. Afinal, por que um hospital deveria necessariamente dominar a arte culinária e as especificidades de sua gestão?
- Suprimentos – recursos físicos (artigos de consumo) imprescindíveis para a continuidade das atividades; no caso, todos os ingredientes utilizados no preparo das refeições, o que requer capacidades gerenciais numa área muito diversa das atividades convencionais de um hospital.

- Ambiente físico – o hospital em questão teria de destinar uma área para as instalações da cozinha hospitalar, além daquelas para deposição de alimentos (matérias-primas), manuseio e higienização de ingredientes, recepção de mercadorias etc.

Fonte: Adaptado de Silva et al., 2010; Ayres, 2009.

Questões para reflexão sobre o estudo de caso

Analise se os itens citados podem acarretar custos elevados. Será que um serviço como o prestado por restaurantes deve ser terceirizado?

Estudo de caso 2

Hospital Santa Luzia

Histórico

O Hospital Santa Luzia, hoje referência em diversas especialidades da medicina, foi fundado em outubro de 1971. Localizado no Setor Hospitalar Sul, área específica para hospitais em Brasília, o Santa Luzia tem, aproximadamente, 12 mil m² de área construída, com projetos de expansão para mais 3 mil m².

Recursos e serviços

Atualmente, embora se destaque em várias outras especialidades, o Hospital Santa Luzia é considerado referência em neurocirurgia, realizando, aproximadamente, 190 intervenções por ano, e é o único da capital brasileira que dispõe de serviço para a realização de cirurgias para epilepsia.

Principais mercados, tipos de clientes e relacionamentos

O mercado do Santa Luzia é constituído, principalmente, pelas comunidades do Plano Piloto de Brasília (Asa Sul, Asa Norte e Lago Sul) e pelas cidades-satélites mais próximas (Guará I, Guará II e Taguatinga), de onde procedem 48% das pessoas atendidas pelo Hospital.

O Hospital Santa Luzia considera como clientes os pacientes, os familiares destes, os convênios médicos, os médicos ligados ao hospital e os externos.

Os pacientes conveniados respondem por 95% dos atendimentos e do faturamento da organização. Entre os convênios, destaca-se o Slam – Santa Luzia Assistência Médica, plano de saúde próprio do hospital, que representa, aproximadamente, 20% do total de seu faturamento.

O Hospital Santa Luzia tem, sistematicamente, empreendido esforços para elevar seus padrões de excelência. A criação do Serviço de Atendimento e Qualidade – SAQ, a ênfase dada ao trabalho desse órgão e a posterior inscrição do Santa Luzia no Programa de Controle de Qualidade do Atendimento Médico Hospitalar – CQH, em dezembro de 1997, e sua manutenção no programa até agora são provas da preocupação do hospital com a qualificação permanente de seus serviços, como forma de alcançar altos padrões de qualidade.

Tal preocupação valeu também ao Hospital Santa Luzia, nos anos de 2000 e 2001, a indicação para receber o Prêmio Qualidade do Brasil, conferido pelo International Quality Service.

Também em 2001, o Hospital Santa Luzia foi convidado a integrar o seleto grupo de Hospitais fundadores da Anahp – Associação Nacional de Hospitais Privados, uma entidade que reúne os 23 maiores e melhores hospitais do país, nas várias capitais brasileiras[1].

Estratégias e planos

Desde 1997, o planejamento estratégico é utilizado sistematicamente no Santa Luzia, contando com a participação da diretoria, dos gerentes, além dos chefes e dos supervisores de enfermagem. O processo de planejar tem trazido excelentes resultados para a organização, ajudando a melhorar seus resultados. Percebe-se claramente o amadurecimento dos processos de análise e de decisão, em função do alto grau de comprometimento da cúpula diretora e das gerências com os planos traçados, e tem sido fundamental para otimizar a aplicação dos recursos da organização. A cada ano, a organização tem ficado mais rigorosa em relação aos indicadores de desempenho, aperfeiçoando o monitoramento dos resultados desejados.

---

1 Outros integrantes da Anahp: Hospital Israelita Albert Einstein (SP), Hospital Nove de Julho (SP), Hospital Samaritano (SP), Hospital Santa Joana (SP), Hospital Aliança (BA), Hospital Mãe de Deus (RS), Hospital Moinhos de Vento (RS), Casa de Saúde São José (RJ), Clínica São Vicente (RJ), Hospital do Coração (SP), Hospital Mater Dei (MG), Hospital N. Sra. das Graças (PR), Hospital Pró-Cardíaco (RJ), Hospital Real Português (PE), Hospital Barra D'Or (RJ), Hospital Copa D'Or (RJ), Hospital Vita Volta Redonda (RJ), Hospital Vita Curitiba (PR), Hospital Santa Catarina (SP), Hospital Santa Genoveva (GO), Hospital Oswaldo Cruz (SP) e Hospital Anchieta (DF).

Para concluir, reproduzimos a entrevista realizada com Ana Claudia Peixoto Leal – Vice-Presidente do HSL – em março de 2002, apresentando a importância da administração estratégica para o Hospital Santa Luzia.

Pergunta: Qual a importância de uma estratégia definida e do planejamento estratégico para o hospital?

Resposta: Do ponto de vista gerencial, um hospital, por mais difícil que possa parecer, é uma empresa como qualquer outra.

Está inserida no mesmo mundo competitivo, administrando recursos cada vez mais escassos e tendo que ser capaz de, cada vez mais, oferecer melhores serviços e produtos. Para o Hospital Santa Luzia, definir uma estratégia e implantá-la, mediante o seu planejamento estratégico, tornou-se condição essencial para sua continuidade.

Olhando para trás, para onde estávamos há cinco anos, digo que não sei onde estaríamos agora se não tivéssemos assumido o controle sobre o nosso destino, por meio da utilização de algumas das ferramentas que descobrimos durante o processo de planejar. Graças ao hábito adquirido, ainda que estejamos fazendo alguns ajustes no percurso, sabemos que estamos exatamente onde gostaríamos de estar, e sabemos que nossas escolhas foram muito bem feitas. Tal certeza não depende apenas das percepções subjetivas, mas, principalmente, da análise cuidadosa da realidade na qual estamos inseridos, considerando nossas limitações e nossas forças, e dos resultados que estamos alcançando. "Se um homem não sabe para que porto está navegando, nenhum vento lhe é favorável." (Sêneca, 2009, carta LXXI) Esta é a importância do planejamento estratégico. Hoje é ele que sustenta a todos. Sem ele, acho que ainda seríamos todos nós bombeiros em um grande incêndio.

P: Existe uma ligação entre o programa de qualidade total e a estratégia do hospital?

R: Todo nosso plano de estratégia hoje se sustenta na premissa de que nos tornemos uma referência em saúde em Brasília. Somente alcançaremos tal objetivo se houver um profundo comprometimento da nossa organização com a qualidade nas relações humanas internas, nas relações com o cliente, nas relações com o meio ambiente e com os nossos acionistas. Além disso, é preciso haver um profundo comprometimento da organização com a qualidade dos seus processos. Por isso, qualidade é a base do nosso planejamento estratégico.

P: Quando começou a usar técnicas e sua influência em relação aos diversos objetivos (financeiros e não financeiros)?

R: Desde 1984, quando iniciamos nosso trabalho no Santa Luzia, sempre nos ressentimos da falta de padrões de desempenho aos quais pudéssemos comparar nossos resultados. Então, antes de mais nada, começamos a construir nossos próprios indicadores. Desde o princípio da nossa gestão e apesar de todas as dificuldades que enfrentamos, nossos resultados sempre foram suficientes para nos mantermos no mercado. Mas, mesmo assim, nunca sabíamos se eles eram os melhores que poderíamos ter. Depois, começamos a comparar nossos indicadores com os indicadores de outros hospitais, informações que começamos a tirar da publicação anual da *Revista Exame – Melhores Maiores*. Eram, exclusivamente, indicadores financeiros e foram os primeiros que começamos a observar. A cada planejamento, fazíamos uma comparação entre nossos resultados e os resultados dos melhores hospitais do país, buscando incrementar nossas metas.

Depois da nossa inscrição no CQH, começamos a ter acesso a indicadores médico-hospitalares que vinham dos vários hospitais que participam do programa. Eles também começaram a influenciar nossas metas. Um exemplo que sempre cito: em 1999, a taxa de ocupação mensal do Santa Luzia era de 54%. Sabíamos que Brasília tinha excesso de leitos na rede privada exatamente desta ordem, e achávamos o resultado normal. No final deste ano, observamos que, entre os hospitais do CQH, a média de ocupação era de 62%. Não interessava se estavam fora de Brasília. Observamos nossa estrutura e decidimos otimizar sua utilização. Traçamos, então, uma meta de 70% e uma série de ações foi criada para dar sustentação àquela meta.

No ano seguinte, 2000, atingimos 68% de ocupação. Em 2001, nossa meta foi alcançar 71%. Chegamos a 71,22%. A mesma coisa aconteceu com as metas de satisfação do cliente, por exemplo, que no ano passado estiveram em torno de 89% e este ano devem chegar a 93%, que foi a meta traçada. Somente mediante o planejamento estratégico podemos ter o tempo necessário para pensar a organização de forma reflexiva para obter dela exatamente o que desejamos. Digo sempre que a pior coisa que nos pode acontecer é chegarmos a um resultado sem saber como chegamos a ele, por melhor que ele seja. Acredito que, como gestores, devemos sempre saber o que foi feito para que determinado resultado seja alcançado. Nada mais pode ser obra do acaso. Quanto maior nossa capacidade de interferir na realidade, melhor é nossa capacidade de planejamento, e vice-versa. Os indicadores que acompanhamos (financeiros ou não) são os melhores critérios de avaliação do nosso próprio desempenho.

Quadro 1.3 – Serviços oferecidos pelo Hospital Santa Luzia

SERVIÇOS	ESPECIALIDADES
Emergência e pronto-atendimentos Funciona 24 horas por dia e atende em média 9.200 pessoas por mês.	Clínica médica Pediatria Cirurgia geral Ortopedia Ginecologia Cardiologia Otorrinolaringologia
Atendimento ambulatorial Realiza 3.000 atendimentos por mês *Internações clínicas e cirúrgicas* Resultado de encaminhamentos externos ou provenientes da própria emergência, o Hospital Santa Luzia realiza, aproximadamente, 900 internações por mês, nas diversas especialidades relacionadas. São 149 leitos distribuídos entre apartamentos privativos (com direito a acompanhante), enfermarias de dois leitos e unidade de terapia intensiva.	Angiologia Cirurgia geral Cirurgia pediátrica Cirurgia plástica Clínica médica Dermatologia Ginecologia Neurologia Nutrição Oncologia Ortopedia Otorrinolaringologia Pediatria Proctologia Psicologia Urologia Psiquiatria Reumatologia
Diagnóstico Centro de diagnóstico por imagem Unidade de endoscopia Centro de diagnóstico por métodos gráficos Centro de patologia clínica e autonomia patológica	Radiologia Ultrassonografia Mamografia Tomografia computadorizada Ressonância magnética Medicina nuclear Endoscopia Eletrocardiograma Ecocardiograma Ergometria *Holter* Mapa Eletroencefalograma

(continua)

(Quadro 1.3 – conclusão)

SERVIÇOS	ESPECIALIDADES
Terapias	Hemodinâmica
	Unidade de nefrologia e diálise
	Fisioterapia

Fonte: Serra; Torres; Torres, 2003, p. 37.

Questões para reflexão sobre o estudo de caso

1. Comente a importância das estratégias escolhidas para o Hospital Santa Luzia.

2. A partir da entrevista com a vice-presidente do HSL, discorra sobre a importância de controlar a implementação da estratégia.

3. Destaque os pontos da entrevista que você considerou mais relevantes.

4. Dê exemplos de ações de planejamento que podem ser implementadas em um hospital como o Santa Luzia.

5. Discuta a importância da sinergia para o desenvolvimento da estratégia do Hospital Santa Luzia.

Fonte: Adaptado de Serra; Torres; Torres, 2003.

Síntese

Neste capítulo, analisamos a estrutura organizacional dos hospitais e demonstramos de que forma as instituições são departamentalizadas e como suas estratégias são implementadas.

Também apresentamos uma representação gráfica da estrutura hospitalar, destacando como ocorrem o desenvolvimento e o crescimento organizacional de um hospital.

Questões para revisão

1. Como determinar a estrutura de um hospital privado com base em sua estratégia?
2. De que maneira a administração de uma instituição hospitalar pode manter a eficiência e aumentar a flexibilidade de seus recursos humanos?
3. O que é importante para a implantação da terceirização nos hospitais?
   a) Um contrato bem elaborado entre as partes.
   b) O reconhecimento pela terceirização externa.
   c) O reconhecimento pela terceirização interna.
   d) A estratégia de gestão escolhida.
   e) Todas as respostas estão corretas.
4. Por que o organograma é importante?
   a) Apresenta o gerenciamento das organizações.
   b) Representa a estrutura da organização.
   c) Não é importante, pois não tem relevância na estrutura da empresa.
   d) Representa o nível hierárquico das pessoas.
   e) Nenhuma das respostas anteriores está correta.

5. Os hospitais podem ser gerenciados por OSs?
   a) Sim, em todo o processo de gestão.
   b) Sim, mas somente nas unidades de apoio do hospital.
   c) Somente os hospitais estaduais.
   d) Somente os hospitais municipais podem ser gerenciados por tais organizações.
   e) Somente os hospitais federais podem ser gerenciados por tais organizações.

Questões para reflexão

1. Apresente a estrutura organizacional de uma instituição pública.

2. Escolha um hospital público, pesquise o organograma da instituição e localize a Direção de Recursos Humanos e seu dimensionamento.

Para saber mais

BORBA, V. R.; LISBOA, T. C. **Teoria geral da administração hospitalar**: estrutura e evolução de processo de gestão hospitalar. Rio de Janeiro: Qualitymark, 2010.

Essa obra objetiva analisar e especificar a complexidade das organizações de saúde. Apresenta o estudo das principais teorias da administração e o pensamento administrativo adaptado à realidade hospitalar.

BURMESTER, H. (Org.). **Manual de gestão hospitalar**. Rio de Janeiro: FGV, 2012.

Esse livro demonstra ao leitor, passo a passo, como administrar clínicas e hospitais de maneira sistêmica, integrada e coerente. Trata-se de uma obra que traz informações específicas sobre cada serviço de saúde.

SALU, E. J. **Administração hospitalar no Brasil**. Barueri: Manole, 2013.

Esse livro aborda os conceitos dos serviços de saúde, bem como os processos e as práticas do sistema de saúde no Brasil.

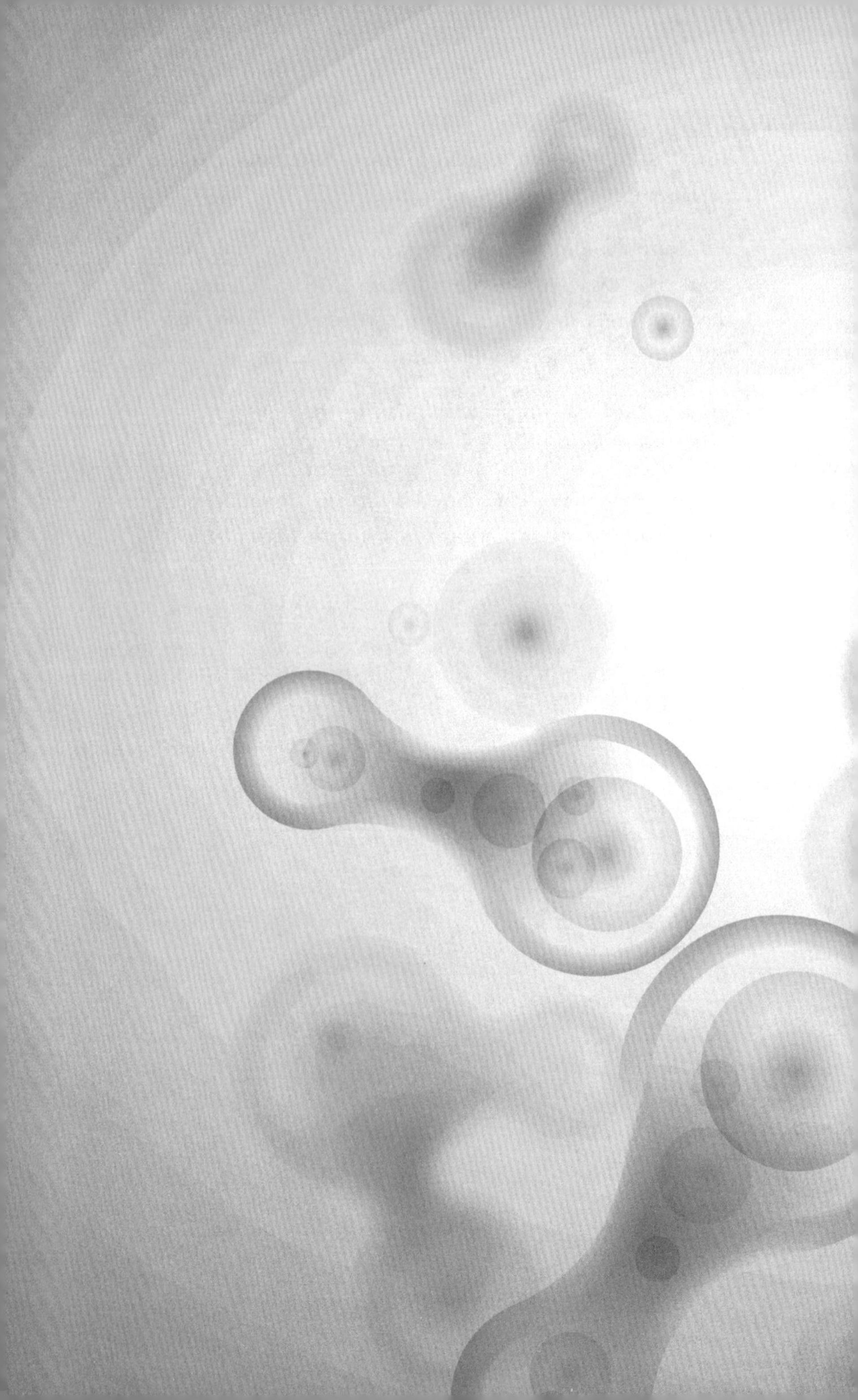

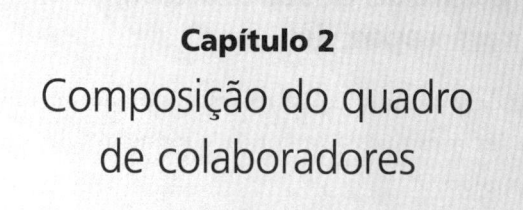

Capítulo 2
Composição do quadro
de colaboradores

Conteúdos do capítulo:

- Recursos humanos.
- Dimensionamento de pessoal.

Após o estudo deste capítulo, você será capaz de:

1. entender a composição dos recursos humanos em um hospital;
2. identificar os tipos de autoridade existentes na organização hospitalar;
3. compreender a diferença entre hospital público e privado em relação à gestão de cargos e carreiras.

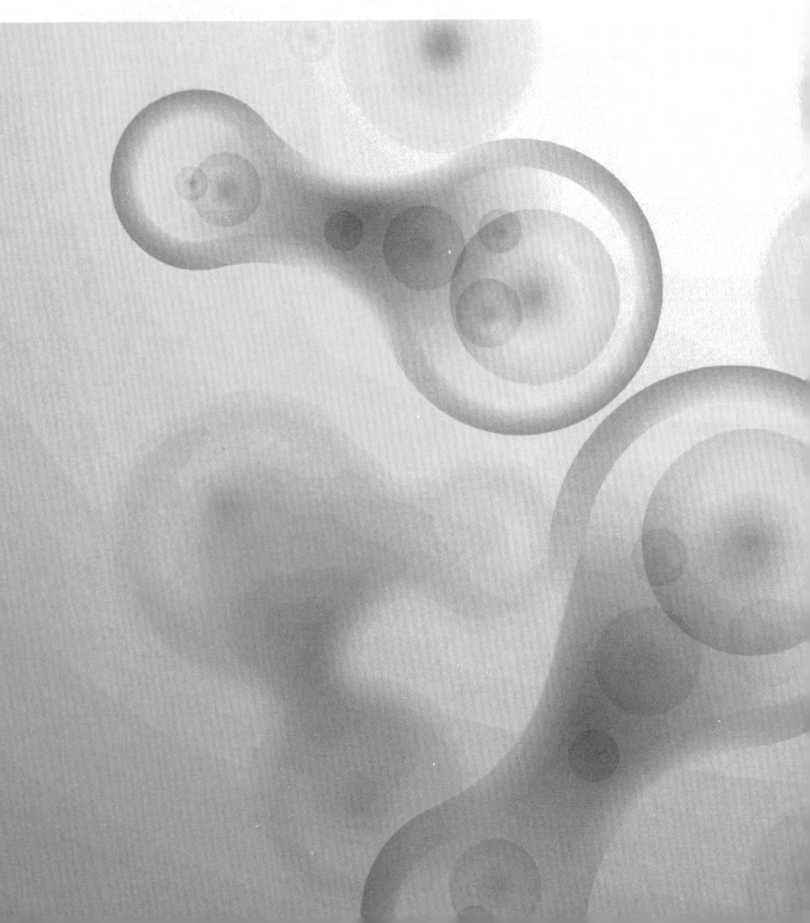

2.1 Recursos humanos no hospital

As organizações hospitalares contam com uma equipe multidisciplinar que precisa de formação permanente, condição que se aplica a todos os níveis organizacionais, desde o estratégico até o operacional. As mudanças contínuas em todas as esferas de um hospital geram a necessidade de atualização do conhecimento técnico e científico.

Uma das fontes de energia que a organização apresenta é a **energia psicológica das pessoas**: ela aumenta ou diminui conforme o êxito ou o fracasso na empresa. Três fatores são imprescindíveis para se alcançar esse êxito psicológico:

1. *A aspiração à conquista de um crescente senso de competência e avaliação de si mesmo, por parte do empregado.*
2. *Uma organização que possibilite condições de trabalho para que a pessoa possa traçar seus objetivos imediatos, escolher seus próprios caminhos para atingir suas metas, sendo o relacionamento entre estas e as da organização fundamentado na eficiência pessoal do funcionário e no crescente grau de desafio que ele encontra em seu trabalho.*
3. *A influência da sociedade e da cultura, tanto sobre o indivíduo quanto sobre a organização; essa repercussão se manifesta pelo processo de aculturação, no sentido de conceder maior ou menor valor ao amor-próprio e à eficiência da pessoa na empresa.* (Argyris, 1975, p. 82)

É importante que façamos essa observação sobre as pessoas que atuam nos hospitais, pois a assistência prestada depende do comprometimento e da dedicação delas junto aos usuários dos serviços hospitalares.

O grau de influência recíproca entre dois ou mais indivíduos determina a positividade dos sentimentos, o que, por sua vez, gerará outras normas e atividades, regidas pelos sentimentos e pelas interações, em um processo contínuo: o grupo reage ao ambiente externo, originando determinados relacionamentos, os quais elaboram tendências adicionais próprias e, em resposta aos estímulos, modificam a adaptação já conseguida ao ambiente.

A inserção do indivíduo no marco das organizações sempre cria uma área de conflito, o qual se apresenta inevitável, já que existe uma incompatibilidade entre as necessidades e aspirações do indivíduo e as exigências da organização formal: o consequente grau de desajustamento, que precisa ser amenizado, varia em proporção direta ao antagonismo entre esses dois elementos presentes nas organizações de saúde.

Nesse âmbito, é possível perceber uma diferença entre as instituições públicas e privadas. Se, por um lado, os indivíduos buscam no trabalho suas satisfações pessoais, por outro, as organizações também apresentam certas necessidades de produtividade e lucro. Assim, a interdependência entre as necessidades das pessoas e as da organização é profunda, pois os objetivos e a vida de ambos são inseparáveis.

A instituição hospitalar não é apenas um edifício com equipamentos, mão de obra, capital e processos, mas também se caracteriza como um sistema sociotécnico, em que a organização dos recursos humanos ocorre em torno de várias tecnologias. Em outras palavras, as relações humanas existentes na empresa a caracterizam, e não apenas peculiaridades organizacionais. A existência, o funcionamento e a permanência do sistema encontram-se ligados ao comportamento motivado das pessoas, sendo que as entradas, os processos de transformação e as saídas são influenciados pelo relacionamento e pela conduta dos indivíduos.

Isso ocorre em todas as organizações, independentemente de suas finalidades e de seu tipo.

O hospital, portanto, é uma **organização complexa e sistêmica**, em que há uma grande divisão de trabalho especializado. A equipe multiprofissional, voltada para a satisfação das necessidades dos pacientes (clientes), é composta por profissionais altamente qualificados (e alguns semiqualificados). Atrelada a esse conjunto de pessoas existe a tecnologia, a qual, por ser constantemente renovada, exige a presença de funcionários preparados para receber treinamento adequado, bem como reciclagens contínuas.

A visão do hospital como empresa equivale à mesma compreensão que temos a respeito da gestão empresarial. Desse modo, o conjunto de recursos materiais, tecnológicos e humanos precisa estar à disposição dos administradores, de forma harmônica e eficiente.

As unidades existentes nos hospitais são inter-relacionadas e interdependentes, resultado do tipo necessário de processos administrativos implantados.

Dutra (citado por Gonçalves, 1987) afirma que os recursos humanos no hospital podem ser organizados de três formas e que coexistem com diferentes modelos de estruturas, como a departamentalização. São elas:

a) Funcional: na qual todas as pessoas que contribuem para a realização de uma função específica encontram-se juntas. É o caso, por exemplo, do serviço de enfermagem;
b) Divisionada: representada pela agregação de especialistas necessários a um produto ou serviço.
Exemplo: serviço financeiro, recursos humanos.

c) Estrutura matricial: quando um indivíduo for membro de duas unidades, sendo uma permanente e outra temporária (projetos de pesquisa, projetos de farmácia) (Dutra, citado por Gonçalves, 1987, p. 68).

Esse autor considera que a eficiente execução das tarefas no hospital implica a especialização, a padronização de atividades, a formalização da comunicação e a elaboração de rotinas e procedimentos-padrão para a execução das funções.

Também é importante mencionar a autoridade e a hierarquia. Quanto à autoridade, precisa ser descentralizada, para o eficiente atendimento do serviço no hospital. Já com relação à hierarquia, pode ser horizontal, quando exercida por um supervisor que faz parte do grupo, ou vertical, quando ocorrem graus de supervisão (Kuazaqui; Lisboa; Gamboa, 2005).

Existem, no hospital, três tipos de atividades: finais, intermediárias e gerais. Essa divisão também influi na organização administrativa. As atividades finais são as que representam os próprios objetivos do hospital, ou seja, o atendimento e a pesquisa. Entre as atividades intermediárias, encontramos as que são ligadas às atividades de laboratórios, bancos de sangue e diagnósticos por imagens. As atividades gerais se referem ao funcionamento das atividades finais: recursos humanos, materiais, insumos, manutenção, serviço de processamento de roupas e limpeza.

Podemos citar, a título de exemplificação, setores e funções que podem ser encontrados em hospitais públicos e privados:

- Administração (administrador/tecnólogo);
- Almoxarifado, controle de estoque e distribuição;
- Análise de sistemas e programação;
- Arquitetura;

- Biblioteca e/ou centro de estudos;
- Biomedicina;
- Central de materiais e esterilização (CME);
- Compras;
- Comunicação e protocolo;
- Controle de infecção hospitalar;
- Diagnóstico;
- Enfermagem (técnico de enfermagem e auxiliar de enfermagem);
- Engenharia civil;
- Engenharia clínica;
- Especialidades médicas;
- Estatística;
- Farmácia;
- Faturamento;
- Físico;
- Fisioterapia;
- Fonoaudiologia;
- Hematologia;
- Higiene e limpeza hospitalar;
- Jardinagem;
- Laboratório (técnico de laboratório);
- Lavanderia/rouparia/costura;
- Manutenção de equipamentos;
- Manutenção predial;
- Nutrição e dietética;
- Odontologia;
- Patrimônio;
- Psicologia hospitalar e serviço social;
- Radiologia (técnico de raios X);
- Recepção, registro geral e arquivo médico;
- Registro, triagem, admissão e transferência;

- Segurança;
- Serviço especializado em engenharia de segurança e medicina do trabalho (SESMT);
- Tecnologia da informação;
- Telefonia;
- Transportes (motoristas);
- Velório;
- Vigilância;
- Zeladoria.

2.2 Dimensionamento de pessoal

O adequado dimensionamento de pessoal é o primeiro passo para o bom funcionamento do hospital. A insuficiência de funcionários, com sobrecarga de trabalho para os existentes, resulta em fadiga e irritabilidade, com perda de qualidade das tarefas executadas e maior índice de acidentes e afastamentos por doenças ocupacionais.

Por outro lado, o número excessivo de funcionários em determinado setor ou função leva à acomodação e à falta de motivação (Kuazaqui; Lisboa; Gamboa, 2005).

Mezzomo (2003) aponta alguns padrões para o cálculo de pessoal necessário em um hospital geral. O autor considera que, no Brasil, a relação adequada do número de funcionários para o correto desempenho das funções de um hospital geral é de 1,8 a 2,5 funcionários por leito. Existem, para tanto, métodos específicos de cálculo, por área ou setor do hospital.

Os regimes jurídicos e os regimes previdenciários são muito distintos, pois, na esfera pública, as contratações são realizadas por concurso ou por regime especial. O cargo é considerado uma esfera de competências que o próprio Estado define. Os concursos públicos são realizados em caso de instituição nova, falecimento, demissão ou aposentadoria do ocupante.

No caso de hospitais, o número de leitos, os segmentos de atendimento, complexidades, emergências e urgências são os fatores que interferem na contratação ou concurso dos funcionários. A União, os estados e os municípios contam com legislações que estabelecem o Estatuto dos Funcionários Públicos. Tais organismos podem, também, dispor de funcionários regidos pela CLT – Consolidação das Leis do Trabalho. No caso de hospitais privados, os funcionários são contratados pela CLT.

Para que as contratações ocorram, é necessário que se faça o planejamento de pessoas, seja no dimensionamento quantitativo, seja no qualitativo, tendo em vista o presente e o futuro da instituição hospitalar.

Picchiai (2009, p. 48) sugere algumas variáveis condicionantes que interferem no dimensionamento de pessoas nas instituições hospitalares:

- *política de pessoal estabelecida pela instituição;*
- *tipo de clientela e dependência dos serviços prestados pelo hospital;*
- *condições de trabalho oferecidas aos funcionários;*
- *nível de complexidades dos serviços oferecidos;*
- *grau de resolutividade do hospital;*
- *grau de tecnologia incorporada pelo hospital;*
- *planta física, instalações e conservação predial.*

Voltemos ao exemplo citado no Capítulo 1, ao tratarmos de terceirização. No caso do serviço de processamento de roupas, Torres e Lisboa (2014, p. 409) esclarecem que:

O Ministério da Saúde preconiza que o pessoal necessário ao trabalho representa aproximadamente 60% dos custos do serviço de processamento de roupas.

A instituição hospitalar faz a previsão do quadro necessário e elabora o cálculo pelo tipo de equipamento utilizado, das instalações e, também, das rotinas empregadas pelas lideranças na direção e controle do serviço.

Além disso, são considerados, também, nos custos: quilo de roupa a lavar; tipos de tecido; grau e tipo de sujidades; tipos de equipamentos e de instalações; estado de conservação da área; equipamentos; e técnicas de processamento.

Nos serviços em geral do hospital, o dimensionamento de pessoal deve ser considerado conforme os seguintes itens:

- tipo de hospital;
- número de leitos, incluindo-se retaguarda, campanha, ambulatório, emergências;
- absenteísmo;
- rotatividade;
- jornada de trabalho;
- horário de funcionamento dos serviços;
- férias, folgas, licenças;
- rotinas implantadas.

Para que seja possível formar uma ideia sobre cada item, as lideranças devem criar indicadores, que são "dados e/ou informações obtidas em realidades específicas, que caracterizam essas organizações no aspecto *profissionais necessários*" (Picchiai, 2009, p. 40, grifo nosso). Por meio dos indicadores, pode-se fazer comparações e análises, a fim de gerar ações corretivas, criando-se parâmetros.

Novamente, para Picchiai (2009, p. 40), parâmetros são "relações numéricas encontradas na quantificação de pessoas por setores, profissões face à produção. São validados e aceitos nacionalmente e são válidos para a população em análise".

Um aspecto importante é o regime de trabalho do hospital. Vamos exemplificar com os seguintes dados:

- *os centros cirúrgicos trabalham cinco dias na semana, exceto para emergências, devendo-se prever um plantão cirúrgico;*
- *os ambulatórios, normalmente, programam consultas para cinco dias e meio por semana;*
- *o pronto-socorro, o laboratório, o banco de sangue e o setor de raios-x funcionam vinte e quatro horas do dia, sete dias da semana;*
- *a segurança, a portaria e recepção funcionam durante as vinte quatro horas do dia, sete dias da semana;*
- *a enfermagem funciona durante as vinte e quatro horas do dia, sete dias da semana.* (Picchiai, 2009, p. 50)

Outro exemplo de dimensionamento é o que está estabelecido pelo Conselho Federal de Enfermagem (Cofen) por meio da Resolução n. 293 de 21 setembro de 2004 (Cofen, 2004), que fixa e estabelece parâmetros para o dimensionamento do quadro de profissionais de enfermagem nas unidades assistenciais das instituições de saúde e assemelhados.

Entende-se por *parâmetro* toda variável ou constante à qual, em uma relação determinada ou questão específica, atribui-se um papel particular e distinto daquele das outras variáveis ou constantes. Assim, de acordo com o art. 4º da Resolução Cofen n. 293/2004, para efeito de cálculo, devem ser consideradas como horas de enfermagem, por leito, nas 24 horas:

- 3,8 horas de Enfermagem, por cliente, na assistência mínima ou autocuidado;
- 5,6 horas de Enfermagem, por cliente, na assistência intermediária;
- 9,4 horas de Enfermagem, por cliente, na assistência semi-intensiva;
- 17,9 horas de Enfermagem, por cliente, na assistência intensiva. (Cofen, 2004)

O art. 5º da mesma resolução estabelece que a distribuição do total de profissionais de enfermagem deve observar as seguintes proporções:

1. *para assistência mínima e intermediária: de 33 a 37% são Enfermeiros (mínimo de seis) e os demais, Auxiliares e/ou Técnicos de Enfermagem;*
2. *para assistência semi-intensiva: de 42 a 46% são Enfermeiros e os demais, Técnicos e Auxiliares de Enfermagem;*
3. *para assistência intensiva: de 52 a 56% são Enfermeiros e os demais, Técnicos de Enfermagem.*

Parágrafo único. A distribuição de profissionais por categoria deverá seguir o grupo de pacientes de maior prevalência. (Cofen, 2004)

Alguns indicadores devem ser considerados: taxa de ocupação, tempo médio de permanência; índice de infecção; índice de mortalidade; epidemias etc.

A Portaria n. 1.101, de 12 de junho de 2002 (Brasil, 2002c), do Ministério da Saúde estabelece os padrões assistenciais do Sistema Único de Saúde (SUS), expostos na Tabela 2.1.

Tabela 2.1 – Capacidade de produção por profissão

Recursos Humanos	Carga Horária Semanal	Atendimentos
Assistente Social	30 horas	3 consultas/hora
Enfermeiro	30 horas	3 consultas/hora
Fisioterapeuta	30 horas	4,4 atendimentos/hora
Médico	20 horas	4 consultas/hora
Nutricionista	30 horas	3 consultas/hora
Odontólogo	20 horas	3 consultas/hora
Psicólogo	30 horas	3 consultas/hora
Psiquiatra	20 horas	3 consultas/hora

Fonte: Adaptado de Brasil, 2002c.

A Tabela 2.2 demonstra a cobertura de absenteísmo e férias (um mês de férias = 1/12).

Tabela 2.2 – Cobertura de absenteísmo e férias

Férias (1 mês de férias por ano 1/12)	8,33%
Absenteísmo (percentual esperado por faltas)	5,00%
Total	13,33%

Fonte: Brasil, 1992, citado por Picchiai, 2009, p. 51.

O Modelo de Dimensionamento de Recursos Humanos para Hospitais Universitários (citado por Picchiai, 2009) revela que a média da taxa de cobertura de absenteísmo e férias não ultrapassaria 13% em empresas privadas. Este parâmetro, no entanto, é considerado alto, pois 12% já incorporaria uma taxa de absenteísmo de 3,66%, que é considerada alta no setor privado. Segundo o Proahsa (citado por Picchiai, 2009, p. 52), "a mediana referente à taxa de absenteísmo nos hospitais gerais analisada foi de 2%".

Síntese

Neste capítulo, examinamos os regimes jurídicos dos hospitais públicos e privados, bem como a organização do dimensionamento de pessoal, item importante para quantificar a mão de obra incorporada ao universo hospitalar.

Questões para revisão

1. Quais fatores interferem na contratação de funcionários?

2. Quais são as variáveis importantes para a composição do quadro de colaboradores?

3. No caso de hospitais privados, os fatores que interferem no dimensionamento de pessoas são:
   a) aposentadoria e falecimento.
   b) o porte do hospital.
   c) jornada de trabalho, absenteísmo e rotatividade.
   d) demissões.
   e) a expansão do hospital.

4. A contratação de funcionários de hospitais públicos pode ocorrer:
   a) por concurso público.
   b) sempre que necessário.
   c) somente pela CLT.
   d) por concurso público e pela CLT.
   e) somente em caso de falecimento.

5. As atividades finais no hospital representam:
   a) os recursos humanos.
   b) os próprios objetivos do hospital.

c) insumos, materiais e manutenção de equipamentos.
d) as atividades de laboratório e de imagem.
e) nenhuma das respostas anteriores está correta.

Questões para reflexão

1. Pesquise um hospital (público ou privado) e compare o valor da formalização para a administração com o seu valor para os funcionários.

2. Comente os problemas relacionados a três tipos de atividades diferentes existentes nos hospitais.

Para saber mais

CHERUBIN, N. A.; SANTOS, N. A. dos. **Administração hospitalar**: fundamentos. 4. ed. São Paulo: São Camilo, 2012.

Essa obra engloba o estudo da complexidade dos hospitais, os princípios de uma boa administração pública ou privada, demonstrando que seus colaboradores são considerados os elementos principais para atingir os objetivos propostos.

LA FORGIA, G. M.; COUTTOLENC, B. F. **Desempenho hospitalar no Brasil**: em busca da excelência. São Paulo: Singular, 2009.

Nesse livro, os autores analisam o desempenho dos hospitais brasileiros, considerando as dimensões de políticas de saúde e as metodologias utilizadas para alcançar a qualidade dos serviços prestados.

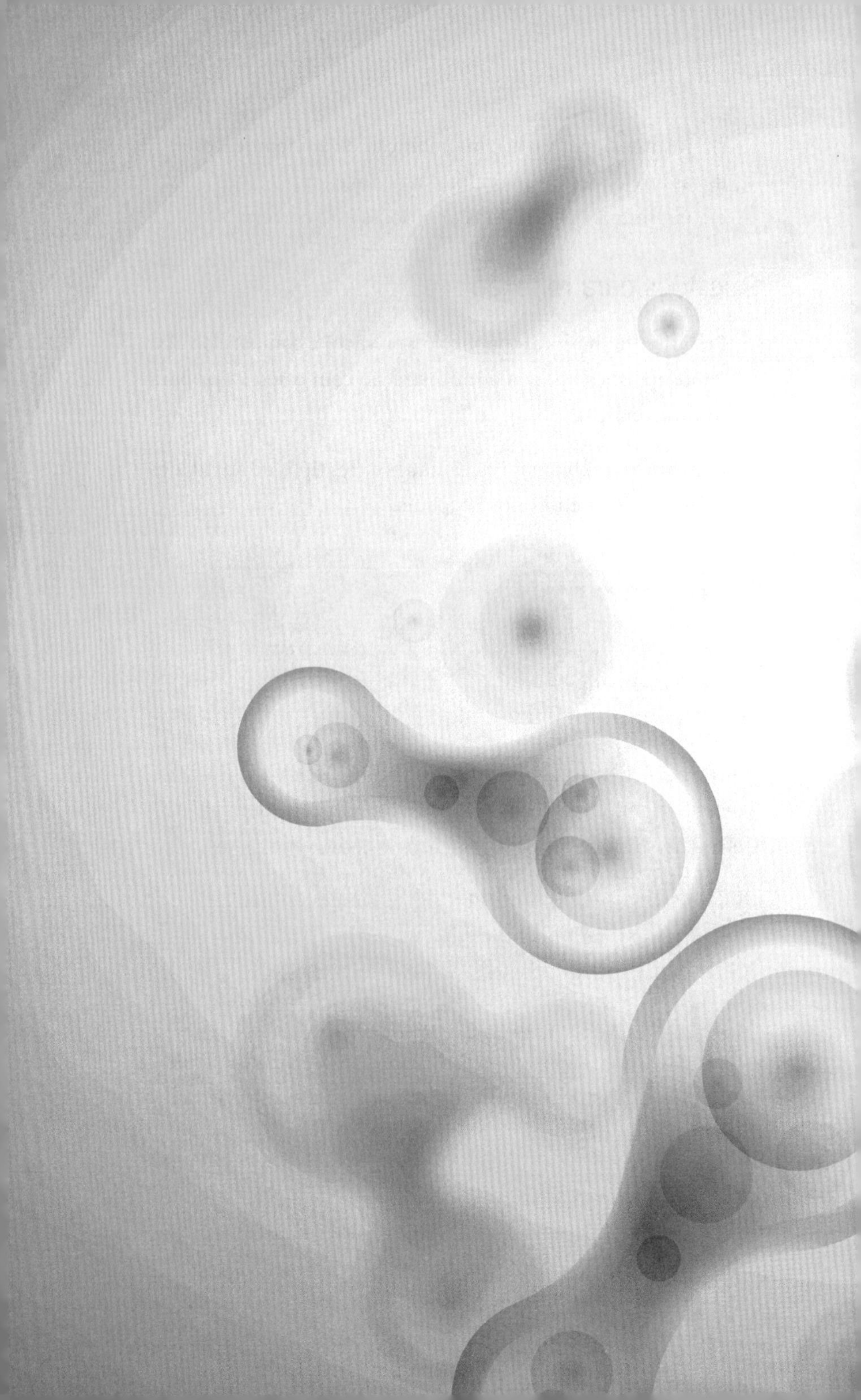

Capítulo 3
Funções setoriais, cargos e comissões nos níveis de assistência do hospital

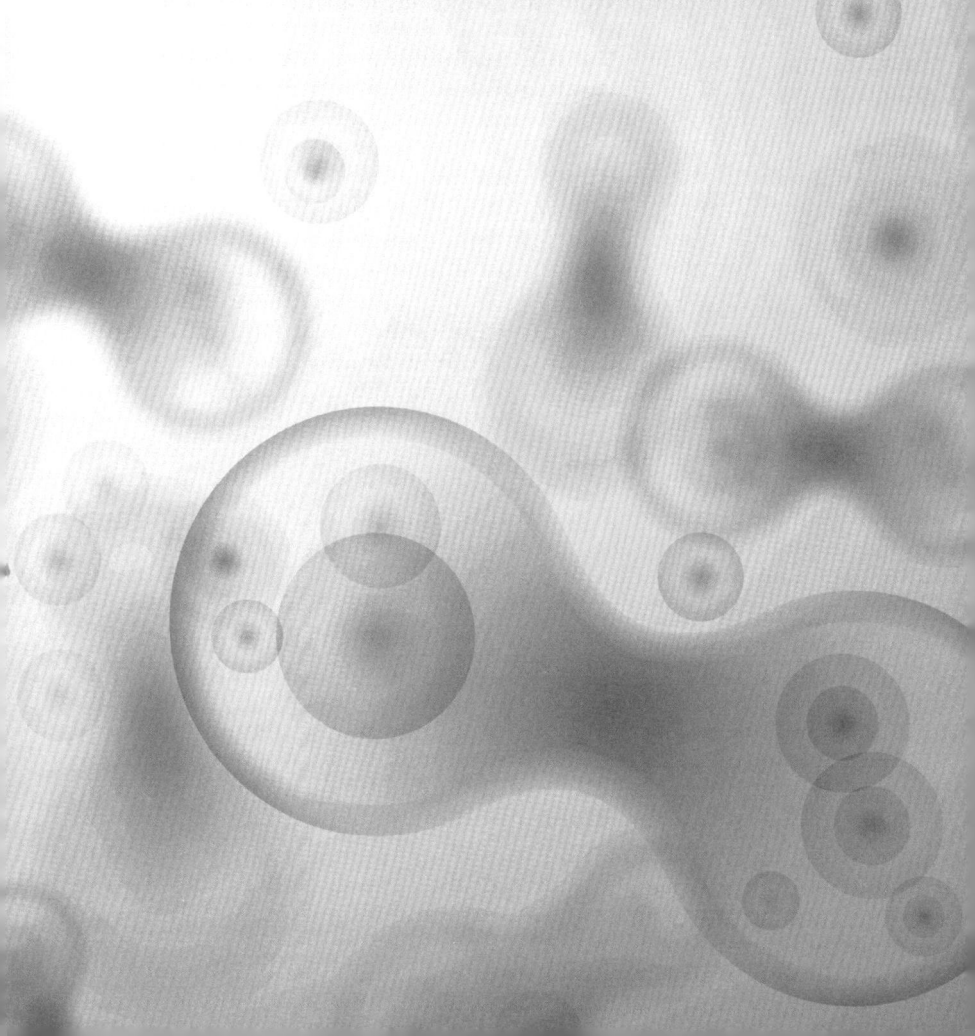

Conteúdos do capítulo:

- Funções gerenciais e atividades gestoras hospitalares.
- Comissões nos níveis de assistência do hospital.

Após o estudo deste capítulo, você será capaz de:

1. identificar as funções setoriais;
2. reconhecer as atividades exercidas pelos gestores;
3. compreender as comissões nos níveis de assistência do hospital.

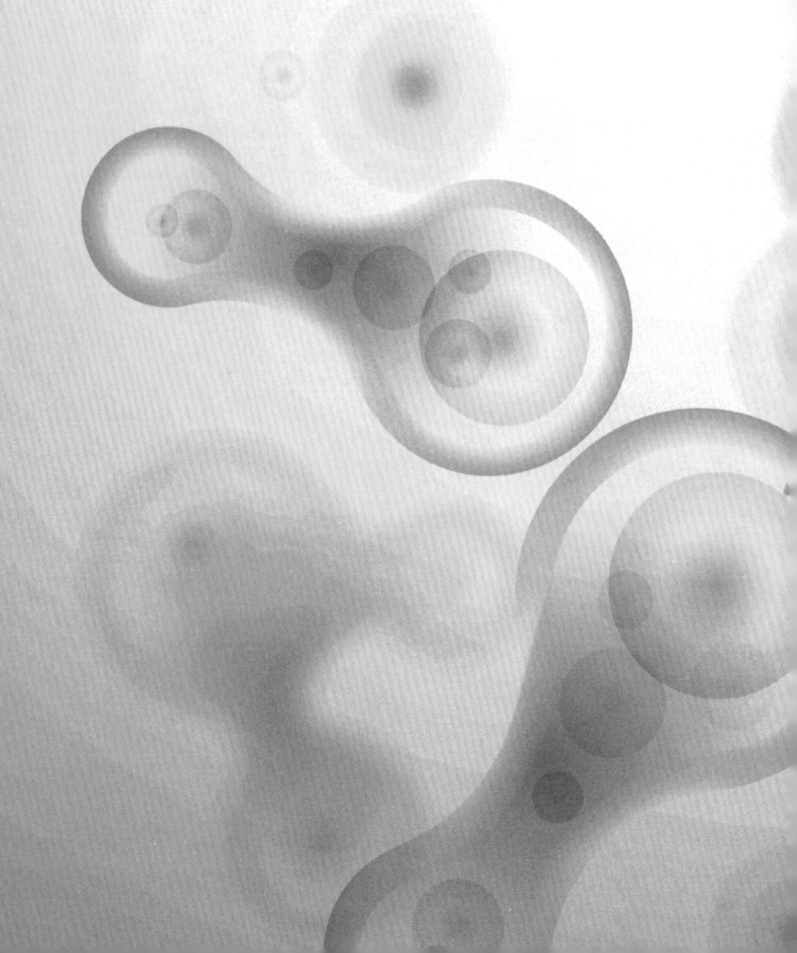

3.1 Funções gerenciais

De acordo com o Conselho Nacional de Secretários de Saúde (Conass), as funções exercidas no Sistema Único de Saúde (SUS) são assim conceituadas:

> **Gerência** *como a administração de uma unidade ou órgão de saúde (ambulatório, hospital, instituto, fundação, etc.) que se caracterizam como prestadores de serviços do SUS.*
>
> **Gestão** *como a atividade e responsabilidade de comandar um sistema de saúde (municipal, estadual ou nacional), exercendo as funções de coordenação, articulação, negociação, planejamento, acompanhamento, controle, avaliação e auditoria.* (Brasil, 2003a, p. 39, grifo do original)

Desse modo, "os gestores do SUS são os representantes de cada esfera de governo designados para o desenvolvimento das funções do Executivo na saúde" (Brasil, 2003a, p. 39). Nesse caso, correspondem ao ministro da Saúde, em âmbito federal; ao secretário estadual da Saúde; e ao secretário municipal da Saúde.

A Lei n. 8.080, de 19 de setembro de 1990 (Brasil, 1990), especifica a organização, direção e gestão do SUS e estabelece as competências e atribuições das três esferas de governo, do funcionamento e da participação complementar dos serviços privados de assistência à saúde, da política de recursos humanos e dos recursos financeiros, da gestão financeira e do planejamento e do orçamento.

Ainda, podemos indicar que há quatro grupos de macrofunções gerenciais na saúde:

a. *formulação de políticas/planejamento;*
b. *financiamento;*

c. *coordenação, regulação, controle e avaliação (do sistema/redes e dos prestadores públicos ou privados);*
d. *prestação direta de serviços de saúde.* (Souza, 2002, citado por Brasil, 2003a, p. 39)

Em todos os casos, estão contidos o planejamento e controle das políticas públicas de saúde, nas esferas federal, estadual e municipal.

3.2 Atividades exercidas em hospitais

Para o Conass, as funções gestoras correspondem ao "conjunto articulado de saberes e práticas de gestão necessária para a implementação de políticas na área de saúde" (Souza, 2002, citado por Brasil, 2003a, p. 39).

A estrutura institucional e decisória do SUS é composta, em nível nacional, pelo Ministério da Saúde (gestor), pela Comissão Tripartite (Comissão de Intergestores) e pelo Colegiado Participativo (Conselho Nacional); em nível estadual, pelas secretarias estaduais (gestor), pela Comissão Bipartite (Comissão de Intergestores) e pelo Colegiado Participativo (Conselho Estadual); e, em nível municipal, pelas secretarias municipais (gestor) e pelo Conselho Municipal (Comissão Municipal) (Brasil, 2003a, p. 40).

As atribuições comuns da União, dos estados, do Distrito Federal e dos municípios, em seu âmbito administrativo, são:

- *Definição das instâncias e mecanismos de controle, avaliação e de fiscalização das ações e serviços de saúde;*
- *Administração dos recursos orçamentários e financeiros destinados, em cada ano, à saúde;*

- Acompanhamento, avaliação e divulgação do nível de saúde da população e das condições ambientais;
- Organização e coordenação do sistema de informação em saúde;
- Elaboração de normas técnicas e estabelecimento de padrões de qualidade e parâmetros de custos que caracterizam a assistência à saúde;
- Elaboração de normas técnicas e estabelecimento de padrões de qualidade para promoção da saúde do trabalhador;
- Participação na formulação da política e na execução das ações de saneamento básico e colaboração na proteção e recuperação do meio ambiente;
- Elaboração e atualização periódica do plano de saúde;
- Participação na formulação e na execução da política de formação e desenvolvimento de recursos humanos para a saúde;
- Elaboração da proposta orçamentária do Sistema Único de Saúde – SUS de conformidade com plano de saúde;
- Elaboração de normas para regular as atividades de serviços privados de saúde, tendo em vista a sua relevância pública;
- Realização de operações externas de natureza financeira de interesse da saúde, autorizadas pelo Senado Federal;
- Requisição, pela autoridade competente da esfera administrativa correspondente, de bens e serviços, tanto de pessoas naturais como de jurídicas, assegurada justa indenização, para atendimento das necessidades coletivas, urgentes e transitórias, decorrentes de situações de perigo eminente, de calamidade pública ou irrupção de epidemias;
- Implementação do Sistema Nacional de Sangue, Componentes e Derivados;
- Celebração de convênios, acordos e protocolos internacionais relativos à saúde, saneamento e meio ambiente;

- Elaboração de normas técnico-científicas de promoção, proteção e recuperação da saúde;
- Articulação com os órgãos de fiscalização do exercício profissional e outras entidades representativas da sociedade civil para a definição e controle dos padrões éticos para a pesquisa, ações e serviços de saúde;
- Articulação da política e dos planos de saúde;
- Realização de pesquisas e estudos na área de saúde;
- Definição das instâncias e mecanismos de controle e fiscalização inerentes ao poder de polícia sanitária;
- Fomento, coordenação e execução de programas e projetos estratégicos e de atendimento emergencial. (Brasil, 2003a, p. 40-42)

É importante frisar que cada competência tem seu órgão gestor: União, estado e município.

3.3 Comissões nos níveis de assistência do hospital

A Lei n. 8.080/1990 "Dispõe sobre as condições para a promoção, proteção e recuperação da saúde, a organização e o funcionamento dos serviços correspondentes" (Brasil, 1990), isto é, regula as ações e os serviços de saúde praticados pelo SUS.

Essas ações podem ser diretamente executadas ou mediante a participação complementar da iniciativa privada, nesse caso, por meio das parcerias público-privadas. São organizadas de forma regionalizada ou hierarquizada em níveis de complexidade.

No âmbito municipal, a Secretaria de Saúde pode constituir consórcios para desenvolver em conjunto as ações e os serviços de saúde, com a mesma direção do órgão gestor superior.

Assim, o SUS pode se organizar em distritos, de forma a integrar e articular recursos, técnicas e práticas voltadas para a cobertura total das ações de saúde.

A Lei 8.080/1990 prevê, para a articulação das políticas de saúde, a criação de comissões, as chamadas *comissões intersetoriais*, em alcance nacional, com ação prevista para execução em relação com outras áreas que envolvam funções não previstas no âmbito do SUS. As atividades específicas dessas comissões estão reguladas pelo art. 13 dessa lei.

As comissões exercem as seguintes atividades:

I – *alimentação e nutrição;*
II – *saneamento e meio ambiente;*
III – *vigilância sanitária e farmacoepidemiologia;*
IV – *recursos humanos;*
V – *ciência e tecnologia; e*
VI – *saúde do trabalhador.* (Brasil, 1990)

O art. 14 dessa mesma lei determina que devem ser criadas "Comissões Permanentes de integração entre os serviços de saúde e as instituições de ensino profissional e superior" (Brasil, 1990). No parágrafo único, estabelece que "cada uma dessas comissões terá por finalidade propor prioridades, métodos e estratégias para a formação e educação continuada dos recursos humanos do Sistema Único de Saúde (SUS), na esfera correspondente, assim como em relação à pesquisa e à cooperação técnica entre essas instituições" (Brasil, 1990).

Síntese

Neste capítulo, apresentamos uma análise mais aprofundada a respeito de como se dá a classificação dos níveis de assistência do hospital, bem como de quais são as funções gerenciais e as atividades exercidas pelos diferentes setores hospitalares.

Questões para revisão

1. Reflita sobre a seguinte afirmação: o conhecimento gerencial é essencial para o sucesso de uma instituição de saúde moderna; porém, o investimento na capacitação gerencial dos profissionais de saúde ainda é muito baixo na formação acadêmica. O que você considera que poderia ser feito para mudar esse quadro?

2. Qual é o papel do gestor de saúde no desenvolvimento dos hospitais?

3. A direção do SUS é única, de acordo com o inciso I do art. 198 da Constituição Federal, sendo exercida em cada esfera de governo pelos seguintes órgãos:
   a) no âmbito da União, pelo Ministério da Saúde.
   b) nos municípios, somente pelos hospitais.
   c) nos estados, somente pelos postos de saúde.
   d) nas secretarias e postos de saúde.
   e) Nenhuma das respostas anteriores está correta.

4. A área de saúde no Brasil compreende o SUS, que é financiado pelo Estado, sendo que:
   a) o sistema custeado pelo setor privado não está englobado.
   b) o setor privado também integra a área de saúde no Brasil.
   c) as seguradoras não estão incluídas.
   d) as operadoras de planos de saúde integram parcialmente o sistema.
   e) Nenhuma das respostas está correta.

5. Conforme dispõe o art. 28 da Lei n. 8.080/1990, os cargos e funções de chefia, direção e assessoramento, no âmbito do SUS, só podem ser exercidos:
   a) em regime de tempo integral.
   b) em regime parcial de 4 horas.
   c) em escala de 24 por 48 horas.
   d) sem ter horário determinado.
   e) em regime de tempo parcial de 6 horas.

Questões para reflexão

1. Comente a seguinte afirmação: "Só se gerencia aquilo que se mede". Trabalhar com base em números e indicadores fornecidos é uma forma de resolução de problemas?

2. As parcerias público-privadas oferecem vantagens ao Estado? Por quê?

Para saber mais

LA FORGIA, G. M.; COUTTOLENC, B. F. **Desempenho hospitalar no Brasil**: em busca da excelência. São Paulo: Singular, 2009.

Nesse livro, os autores analisam o desempenho dos hospitais brasileiros, considerando as dimensões de políticas de saúde e as metodologias utilizadas para alcançar a qualidade dos serviços prestados.

DAVIES, A. C. I. **Saúde pública e seus limites constitucionais**. São Paulo: Verbatim, 2012.

A obra aborda os aspectos jurídicos da saúde pública, em uma linguagem simples e objetiva.

SILVA, M. G. C. da. **Saúde pública**: autoavaliação e revisão. 4. ed. Rio de Janeiro: Atheneu, 2012.

O livro apresenta a trajetória da saúde pública, desde sua formação até os dias de hoje, descrevendo políticas e práticas adotadas, de modo a facilitar a compreensão das diversas dimensões da área de saúde.

SIQUEIRA-BATISTA, R.; GOMES, A.P. **Perguntas e respostas comentadas de saúde pública**. Rio de Janeiro: Rubio, 2010.

O livro é composto por perguntas e respostas elaboradas por profissionais da área de saúde pública, objetivando aprofundar o conhecimento dos leitores com comentários após as respostas.

Capítulo 4
Classificação dos níveis de atenção em saúde por especialidade de assistência

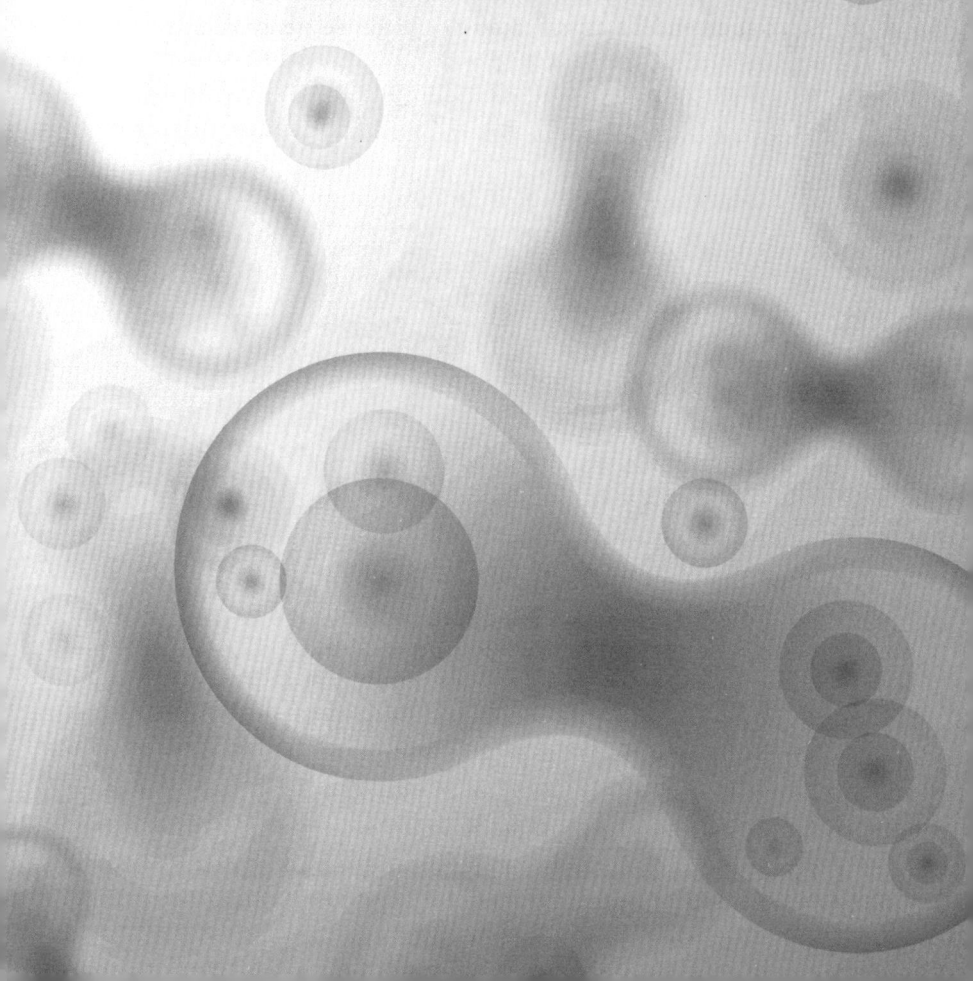

Conteúdos do capítulo:

- Tipos de estabelecimentos de saúde.
- Padrões hospitalares públicos e privados.
- Acreditação hospitalar.

Após o estudo deste capítulo, você será capaz de:

1. entender os conceitos gerais da classificação dos níveis de atenção;
2. identificar os tipos de estabelecimentos de saúde;
3. compreender a classificação e os níveis de atenção em saúde.

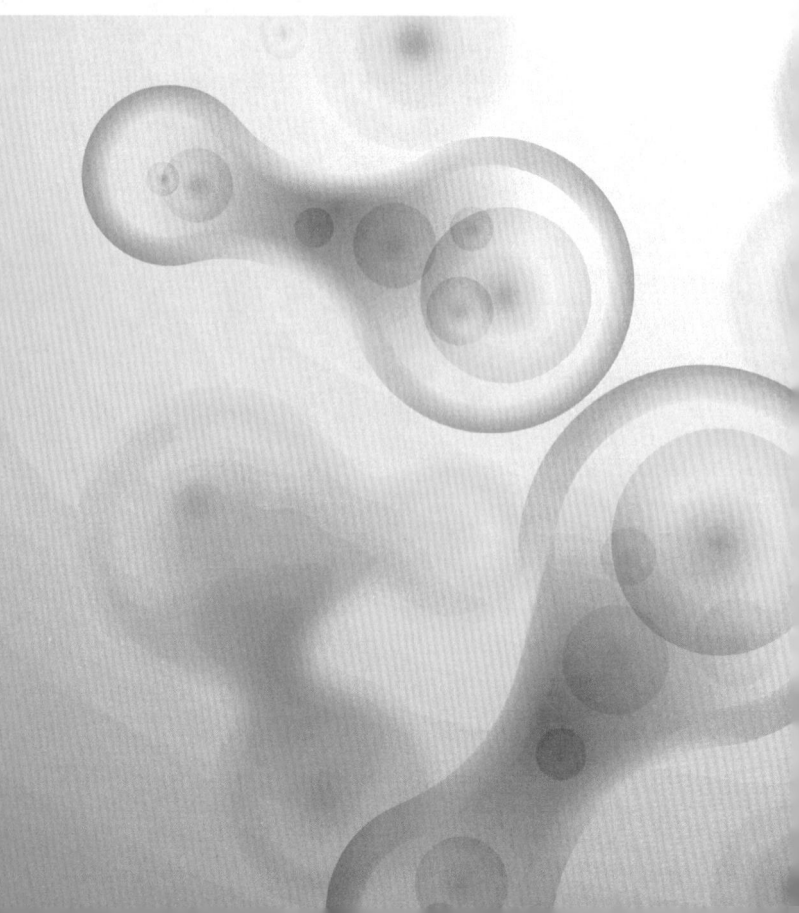

4.1 Conceitos gerais

Em virtude da grande quantidade e diversidade de instituições hospitalares existentes no Brasil vinculadas ao Sistema Único de Saúde (SUS), foi criada a classificação dos níveis de atenção em saúde, em conformidade com a legislação do Ministério da Saúde. Para a classificação, foram considerados o grau de complexidade, o nível de responsabilidade sanitária, o direcionamento assistencial e também o porte do hospital: Hospital de Porte I, Hospital de Porte II, Hospital de Porte III e Hospital de Porte IV. O Quadro 4.1 apresenta a classificação das instituições hospitalares.

Quadro 4.1 – Terminologia geral dos hospitais

Hospital geral	Destinado a atender pacientes portadores de doenças das várias especialidades médicas. Pode ter ação limitada a um grupo etário (hospital infantil), a determinada camada da população (hospital militar, hospital previdenciário) ou a uma finalidade específica (hospital de ensino).
Hospital especializado	Destinado, predominantemente, a atender pacientes necessitados da assistência de uma determinada especialidade médica.
Hospital-dia	Modalidade de atendimento em hospital na qual o paciente utiliza, com regularidade, os serviços da instituição, na maior parte do dia, para fins de tratamento e/ou reabilitação.
Hospital-noite	Modalidade de atendimento em hospital na qual o paciente utiliza, com regularidade, os serviços e o leito hospitalar, durante o período noturno.
Hospital de curta permanência	Modalidade cuja média de permanência de pacientes internados não ultrapassa 30 (trinta) dias.

(continua)

(Quadro 4.1 – continuação)

Hospital de longa permanência	Modalidade cuja média de permanência de pacientes internados ultrapassa 30 (trinta) dias.
Unidade sanitária	Estabelecimento destinado a prestar assistência médico-sanitária a uma população, em área geográfica definida, sem internação de pacientes, podendo, como atividade complementar, prestar assistência médica a pessoas. a) Posto de saúde: Unidade sanitária simplificada, destinada a prestar assistência médico-sanitária a uma população, contando com controle e supervisão médica periódica. b) Centro de saúde: Unidade sanitária complexa, destinada a prestar assistência médico-sanitária a uma população, contando com ambulatórios para assistência médica permanente.
Unidade mista (unidade integrada ou hospital-unidade sanitária)	Estabelecimento com as características de unidade sanitária, acrescido de leitos para internação de pacientes, basicamente, em clínica pediátrica, obstétrica e médico-cirúrgica de emergência.
Posto de assistência médica	Estabelecimento para assistência médica ambulatorial sem serviços médicos especializados.
Policlínica	Estabelecimento para assistência médica ambulatorial com serviços médicos especializados.
Hospital local	Hospital destinado a servir à população de determinada área geográfica, prestando, no mínimo, assistência nas áreas básicas de clínica médica, pediátrica, cirúrgica, obstétrica e de emergência.
Hospital distrital	Hospital geral que, além de prestar assistência médico-cirúrgica própria de hospital local a uma população determinada, presta serviços mais especializados a pacientes encaminhados de sua e de outras localidades, enviando pacientes necessitados de assistência mais complexa a um hospital de base.

(Quadro 4.1 – continuação)

Hospital de base	Hospital geral destinado a se constituir em centro de coordenação e integração do serviço médico-hospitalar de uma área, devendo estar capacitado a prestar assistência especializada mais diferenciada a pacientes encaminhados de hospitais distritais, além da assistência médico-cirúrgica própria de hospital local.
Hospital de ensino ou hospital universitário	Hospital geral com características e funções do hospital de base, utilizado por escolas de ciências da saúde como centro de formação profissional.
Hospital de corpo clínico fechado	Hospital onde não se permitem, em rotina, atividades de outros profissionais que não os integrantes do próprio corpo clínico.
Hospital de corpo clínico aberto	Hospital que, mesmo tendo corpo clínico estruturado, permite a qualquer profissional habilitado da comunidade internar e tratar seus pacientes.
Hospital de corpo clínico misto	Hospital que, mesmo tendo corpo clínico fechado, faz concessão, por cortesia, a outros profissionais, para internar e assistir seus pacientes.
Hospital estatal ou paraestatal	Hospital que integra o patrimônio da União, estado, Distrito Federal e município (pessoas jurídicas de direito público interno), autarquias, fundações instituídas pelo Poder Público, empresas públicas e sociedades de economia mista (pessoas jurídicas de direito privado).
Hospital privado ou particular	Hospital que integra o patrimônio de uma pessoa natural ou jurídica de direito privado, não instituída pelo Poder Público.

(Quadro 4.1 – conclusão)

Hospital beneficente	Hospital que integra o patrimônio de pessoa jurídica de direito privado, instituído e mantido por contribuições e doações particulares, destinado à prestação de serviços a seus associados e respectivos dependentes, cujos atos de constituição especifiquem sua clientela, que não remunere os membros da sua diretoria, que aplique integralmente os seus recursos na manutenção e desenvolvimento dos seus objetivos sociais e cujos bens, no caso de sua extinção, revertam em proveito de outras instituições do mesmo gênero ou ao Poder Público.
Hospital filantrópico	Hospital que integra o patrimônio de pessoa jurídica de direito privado, mantido parcial ou integralmente por meio de doações, cujos membros de órgãos de direção e consultivos não sejam remunerados, que se proponha à prestação de serviços gratuitos à população carente em seus ambulatórios. Os leitos são reservados, de acordo com a legislação em vigor, ao internamento gratuito, organizado e mantido pela comunidade e cujos resultados financeiros revertam exclusivamente ao custeio de despesa de administração e manutenção.
Ambulatório	Unidade do hospital ou de outro serviço de saúde destinada à assistência a pacientes externos para diagnóstico e tratamento.
Hospital de pequeno porte	Hospital que possui capacidade normal ou de operação de até 50 leitos.
Hospital de médio porte	Hospital que possui capacidade normal ou de operação de 50 a 150 leitos.
Hospital de grande porte	Hospital que possui capacidade normal ou de operação de 150 a 500 leitos. Acima de 500 leitos considera-se hospital de capacidade extra.

Fonte: Adaptado de Brasil, 1977, p. 9-12.

O documento *Conceitos e definições em saúde* (Brasil, 1977, p. 12) ainda indica que os termos *pequeno, médio, grande* e *extra* dizem respeito unicamente ao número de leitos e não apresentam relação com a qualidade e complexidade da assistência prestada.

Para que possamos entender a classificação dos hospitais privados, é importante considerarmos a seguinte sequência, segundo Cherubin e Santos (2012):

a. *Acreditação: roteiro composto de padrões, envolvendo mantenedora da instituição, a administração, a planta física, as máquinas e equipamentos e os recursos humanos e que necessitam estar nas conformidades exigidas.*

b. *Classificação: relação de requisitos preestabelecidos, envolvendo tanto a administração quanto os elementos físicos, o contingente de recursos humanos e o desempenho do hospital.*

c. *Avaliação: é a forma de aferir o desempenho do hospital e/ou de cada serviço prestado.*

A organização hospitalar apresenta um grande conjunto de complexas atividades, que visam atingir objetivos direcionados à satisfação das necessidades dos usuários.

A característica principal dessa estrutura é visível pela forma de poder existente e, "embora se trate de uma organização altamente hierarquizada, a autoridade na instituição hospitalar não emana de uma única origem, nem flui de uma só linha de comando, como ocorre normalmente na maioria das estruturas formais" (Gonçalves, 1987, p. 42). Ela é repartida em divisões de densidades diferentes, de acordo com sua natureza, entre a alta direção, o corpo clínico e os corpos administrativo, técnico e operacional.

A visão do conjunto torna-se transparente diante da dor de um indivíduo, quando se arregimenta, em um só momento, uma grande equipe de multiprofissionais que, a princípio, necessita de integração, motivação, qualidade e equilíbrio, a despeito das inúmeras dificuldades encontradas – como ocorre em qualquer tipo de organização.

Ao analisarmos o hospital como um sistema integrado, temos, de um lado, a entrada de pacientes que serão submetidos a processos de diagnóstico, internação ou tratamento e, de outro, pessoas recuperadas ou não que, devolvidas ao meio de origem, farão a avaliação dos serviços recebidos (seja o próprio paciente, seja o familiar). No caso de óbito, a avaliação realizada pela família irá, também, configurar o tipo de atendimento que foi realizado.

Diante desse quadro, o processo interno organizacional apresenta uma série de funções fundamentais que trabalham em interação, voltadas a um sem número de patologias.

Nessa associação, existem os setores de *marketing*, custos operacionais, engenharia clínica, enfermagem, clínica, nutrição e dietética, hotelaria etc. Quanto aos recursos humanos, a responsabilidade dos órgãos de saúde é manter, em cada setor, indivíduos motivados e comprometidos com a filosofia e cultura do hospital.

Essa exigência é justificada pela variação e irregularidade dos fluxos de trabalho: plantões, emergências, partos, acidentes etc. Além disso, os cuidados com os pacientes são diferenciados, sendo "o produto do hospital, o cuidado ao paciente, [...] por si só mais individualizado que uniforme [...] o hospital é fundamentalmente mais um sistema humano que mecânico, apesar de possuir muito material, instalações e equipamentos" (Teixeira, 1989, p. 24).

O avanço tecnológico e o aumento da aquisição de equipamentos de última geração "exigem o aprimoramento do pessoal técnico acompanhados de uma infraestrutura apropriada para sua operacionalização" (Torres; Lisboa, 2014, p. 404). Obviamente, a equipe de trabalho necessita de programas constantes de treinamento, reciclagem e formação.

Nos últimos anos, a tecnologia tem avançado de forma rápida, sendo que o desenvolvimento de máquinas, equipamentos e produtos farmacêuticos requer profissionais com iniciativa e flexibilidade para acompanhar esse desenvolvimento. Realmente, há uma preocupação em facilitar as rotinas de trabalho, buscando-se a minimização dos custos de prestação de serviços. Porém, não é visível o empenho das empresas hospitalares, na maioria dos casos, em melhorar continuamente as condições ambientais, que refletem, consequentemente, no desempenho do grupo. O investimento na gestão de pessoas ainda é muito precário: "aqui insistimos na necessidade do treinamento dos elementos mais carentes de capacitação, o que nos leva à permanente atualização – pela pesquisa – dos instrumentos, meios, métodos e processos que facilitem a tarefa com o mínimo de despesas e o máximo de proveito" (Mirshawka, 1994, p. 30).

A Comissão de Peritos em Assistência Médica da Organização Mundial da Saúde (OMS), em reuniões realizadas de 18 a 23 de junho de 1956, em Genebra, definiu *hospital* como "um centro de treinamento de pessoal da área de saúde com a função restaurativa, preventiva, ensino e pesquisa" (Cherubin; Santos, 2012, p. 35). Posteriormente, a OMS, no seu Informe Técnico n. 122, de 1957, redefiniu o hospital como *parte integrante de uma organização médica e social cuja missão consiste em proporcionar à população uma assistência médico-sanitária completa, tanto curativa como preventiva, e cujos serviços externos irradiam ao âmbito familiar; o hospital é também um centro de formação de pessoal médico-sanitário e de investigação biossocial.* (OMS, 1957, p. 4, tradução nossa)

Dessa maneira, o informe técnico "fixou as seguintes funções para o hospital: prevenir a doença, restaurar a saúde, exercer funções educativas e promover a pesquisa" (Cherubin; Santos, 2012, p. 35).

Na sua concepção geral, a organização hospitalar necessitará, sempre, do elemento humano capacitado em qualquer nível de atividade. Para tanto, é preciso buscar a integração do colaborador, assumido e compreendido como um ser integrante na recuperação do paciente, seja de nível estratégico, seja de nível operacional. A empresa prestadora de serviços (terceirizada) deve, também, conscientizar seus colaboradores desse princípio.

Devemos ressaltar que a Constituição Federal (Brasil, 1988), em seu art. 196, definiu que "a saúde é direito de todos e dever do Estado". Dois anos depois, a Lei Federal n. 8.080, de 19 de setembro de 1990, regulamentou o Sistema Único de Saúde (SUS). No art. 7º dessa lei, lemos os seguintes princípios:

> I – *universalidade de acesso aos serviços de saúde em todos os níveis de assistência;*
>
> II – *integralidade de assistência, entendida como conjunto articulado e contínuo das ações e serviços preventivos e curativos, individuais e coletivos, exigidos para cada caso em todos os níveis de complexidade do sistema.* (Brasil, 1990)

A Portaria do Ministério da Saúde n. 648, de 28 de março de 2006, que aprovou a Política Nacional de Atenção Básica, foi mais recentemente substituída pela Portaria n. 2.488, de 21 de outubro de 2011, estabelecendo-se a revisão de diretrizes e normas para a organização da atenção básica para a Estratégia Saúde da Família (ESF) e o Programa de Agentes Comunitários de Saúde (Pacs). Essa Portaria define a atenção básica em saúde, em seu Anexo I, da seguinte maneira:

> *A Atenção Básica caracteriza-se por um conjunto de ações de saúde, no âmbito individual e coletivo, que abrange a promoção e a proteção da saúde, a prevenção de agravos, o diagnóstico, o tratamento, a reabilitação, redução de danos e a manutenção da saúde com o objetivo de desenvolver uma atenção integral que impacte na situação de saúde e autonomia das pessoas nos determinantes e condicionantes de saúde das coletividades. É desenvolvida por meio do exercício de práticas de cuidado e gestão, democráticas e participativas, sob forma de trabalho em equipe, dirigidas a populações de territórios definidos, pelas quais assume a responsabilidade sanitária, considerando a dinamicidade existente no território em que vivem essas populações. Utiliza tecnologias de cuidado complexas e variadas que devem auxiliar no manejo das demandas e necessidades de saúde de maior frequência e relevância em seu território, observando critérios de risco, vulnerabilidade, resiliência e o imperativo ético de que toda demanda, necessidade de saúde ou sofrimento devem ser acolhidos [...].*
>
> *Deve ser o contato preferencial dos usuários, a principal porta de entrada e centro de comunicação da Rede de Atenção à Saúde. Orienta-se pelos princípios da universalidade, da acessibilidade, do vínculo, da continuidade do cuidado, da integralidade da atenção, da responsabilização, da humanização, da equidade e da participação social. [...]*

A Política Nacional de Atenção Básica tem na Saúde da Família sua estratégia prioritária para expansão e consolidação da atenção básica. A qualificação da Estratégia de Saúde da Família e de outras estratégias de organização da atenção básica deverão seguir as diretrizes da atenção básica e do SUS configurando um processo progressivo e singular que considera e inclui especificidades locoregionais. (Brasil, 2011)

A tendência futura é a da desospitalização. Portanto, a saúde da família sofrerá uma expansão de atendimento, exigindo uma profissionalização maior, principalmente no que diz respeito às doenças dos idosos.

4.2 Tipos de estabelecimentos de saúde

De acordo com a Portaria n. 115, de 19 de maio de 2003 (Brasil, 2003b), da Secretaria de Assistência à Saúde do Ministério da Saúde, os tipos e conceitos de estabelecimentos de saúde/unidade são os apresentados na tabela 4.1:

Tabela 4.1 – Tipos de estabelecimentos de saúde

Cód.	Descrição
01	Posto de Saúde
02	Centro de Saúde/Unidade Básica
04	Policlínica
05	Hospital Geral
07	Hospital Especializado
15	Unidade Mista
20	Pronto Socorro Geral

(continua)

(Tabela 4.1 – conclusão)

Cód.	Descrição
21	Pronto Socorro Especializado
22	Consultório Isolado
32	Unidade Móvel Fluvial
36	Clínica Especializada/Ambulatório de Especialidades
39	Unidade de SADT–Isolada
40	Unidade Móvel Terrestre
42	Unidade Móvel para Atendimento de Nível Pré-Hospitalar
43	Farmácia Isolada – Excepcionais
45	Unidade de Saúde da Família
50	Unidade Vigilância Sanitária/Epidemiológica Isolada
60	Cooperativa de Profissionais
61	Centro de Parto Isolado
62	Hospital/Dia – Isolado
63	Unidade Autorizadora de Tratamento Fora de Domicílio (TFD) Isolada

Fonte: Brasil, 2003b.

A classificação do Ministério da Saúde contempla, também, três níveis de atenção:

1. Baixa complexidade ou básica, que é a atenção primária ambulatorial;
2. Alta complexidade, geralmente definida pelo custo unitário e pela tecnologia envolvida, sem considerar sua complexidade. Por exemplo: cuidados e cirurgia cardíacos, transplantes de órgãos, oncologia, neurocirurgia, exames diagnósticos, como ressonância magnética e tomografia computadorizada, e medicamentos de alto custo;
3. Atendimento de complexidade média (categoria indefinida, que abrange o que não couber nos grupos anteriores).

4.3 Avaliação do padrão hospitalar (público e privado)

O acesso à saúde aumentou nos últimos anos. Segundo La Forgia e Couttolenc (2009, p. 45), "os hospitais consomem cerca de 2/3 do gasto total com saúde. Aproximadamente 70% do gasto hospitalar é financiado com recursos públicos, via SUS, mas a maior parte dos hospitais brasileiros têm menos de 50 leitos".

O número de brasileiros com doenças crônicas tem aumentado nos últimos anos, e esses pacientes necessitam de cuidados específicos. Além disso, vivenciamos a não distribuição racional dos recursos, seja geograficamente, seja por nível de atenção.

Os estados das Regiões Norte e Nordeste necessitam de maior atendimento, pois, para o tratamento de doenças, como esquistossomose, chagas, cólera e dengue, faz-se necessária a existência de instituições adequadas, bem como de profissionais de saúde capacitados.

4.4 Acreditação hospitalar

Segundo a Organização Nacional de Acreditação (ONA), a acreditação hospitalar constitui "um sistema de avaliação e certificação de qualidade dos serviços de saúde" (ONA, 2016), com foco voltado para um caráter educativo, visando à melhoria contínua, sem finalidade de fiscalização ou controle oficial/governamental.

Ainda de acordo com a ONA (2016), a acreditação se pauta por três princípios:

1. É um processo voluntário, realizado por escolha da instituição de saúde.
2. A avaliação é periódica, de acordo com a validade do certificado obtido.
3. As informações obtidas (diagnóstico) são coletadas mas não divulgadas publicamente, o que confere um caráter reservado à avaliação.

Os seguintes serviços são habilitados a receber certificados de acreditação: hospitais; ambulatórios; laboratórios; serviços de pronto atendimento; *home care*; serviços de hemoterapia; serviços de nefrologia e terapia renal substitutiva; serviços de diagnóstico por imagem; radioterapia; medicina nuclear; serviços odontológicos.

Entre outros serviços que apoiam as instituições de saúde e que são avaliados, estão os de processamento de roupas; higiene e limpeza; dietoterapia; manipulação; esterilização e reprocessamento de materiais.

À medida que a instituição de saúde for desenvolvendo sua prestação de serviços, outras auditagens são realizadas.

Síntese

Neste capítulo, apresentamos os diferentes tipos de estabelecimentos de saúde, bem como as classificações do Ministério da Saúde para os estabelecimentos existentes. Também trouxemos informações a respeito da forma como eles são gerenciados, bem como sobre a importância da acreditação, que mensura a qualidade dos serviços prestados.

Questões para revisão

1. Quais são os princípios da acreditação hospitalar?

2. Explique a importância da desospitalização.

3. Hospital de curta permanência é:
   a) hospital geral, com características e funções do hospital de base, utilizado por escolas de ciências da saúde como centro de formação profissional.
   b) hospital onde não se permitem, em rotina, atividades de outros profissionais que não os integrantes do próprio corpo clínico.
   c) destinado, predominantemente, a atender a pacientes necessitados da assistência de uma determinada especialidade médica.
   d) modalidade cuja média de permanência de pacientes internados não ultrapassa 30 (trinta) dias.
   e) hospital que integra o patrimônio de uma pessoa natural ou jurídica de direito privado não instituída pelo Poder Público.

4. No Brasil, têm direito à assistência médica pelo SUS:
   a) todos os brasileiros, independentemente de qualquer condição.
   b) todos os indivíduos, brasileiros ou não, independentemente de qualquer condição.
   c) todos os brasileiros contribuintes da Seguridade Social.
   d) todos os brasileiros ou indivíduos residentes no Brasil, contribuintes da Seguridade Social ou seus dependentes.
   e) todos os brasileiros ou indivíduos residentes no Brasil que possuam, no mínimo, certidão de nascimento.

5. O Ministério da Saúde contempla três níveis de atenção:
   a) alta complexidade, baixa complexidade e Unidade Móvel para Atendimento de Nível Pré-Hospitalar.
   b) alta complexidade, baixa complexidade e média complexidade.
   c) baixa complexidade, Unidade Móvel Terrestre e média complexidade.
   d) alta complexidade, baixa complexidade e médio atendimento.
   e) Nenhuma das respostas anteriores está correta.

Questões para reflexão

1. Escolha uma unidade de apoio e reflita sobre seus aspectos administrativos (planejamento, organização, coordenação e controle).

2. Comente sobre a Estratégia Saúde da Família e os benefícios sociais obtidos com esse programa que você considera relevantes.

Para saber mais

ANDRÉ, A. M. (Org.). **Gestão estratégica de clínicas e hospitais**. Rio de Janeiro: Atheneu, 2015.

Essa obra apresenta os sistemas de saúde e as grandes diferenças entre as organizações de saúde, bem como as formas de administrar essas organizações.

MOYSES FILHO, J. et al. **Planejamento e gestão estratégica em organizações de saúde**. Rio de Janeiro: FGV, 2015.

Os autores desse livro discutem a importância do planejamento em organizações de saúde, apresentando os modelos existentes nas instituições públicas e privadas.

SPILLER, E. S. et al. **Gestão dos serviços em saúde**. Rio de Janeiro: FGV, 2009.

Essa obra é importante para os alunos que estão iniciando no estudo das organizações de saúde, pois apresenta os principais conceitos referentes a essas instituições.

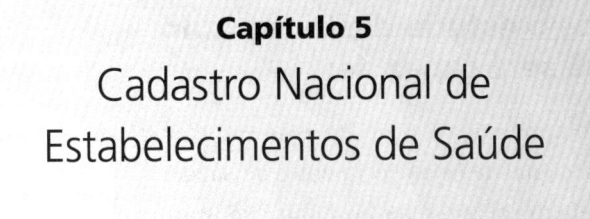

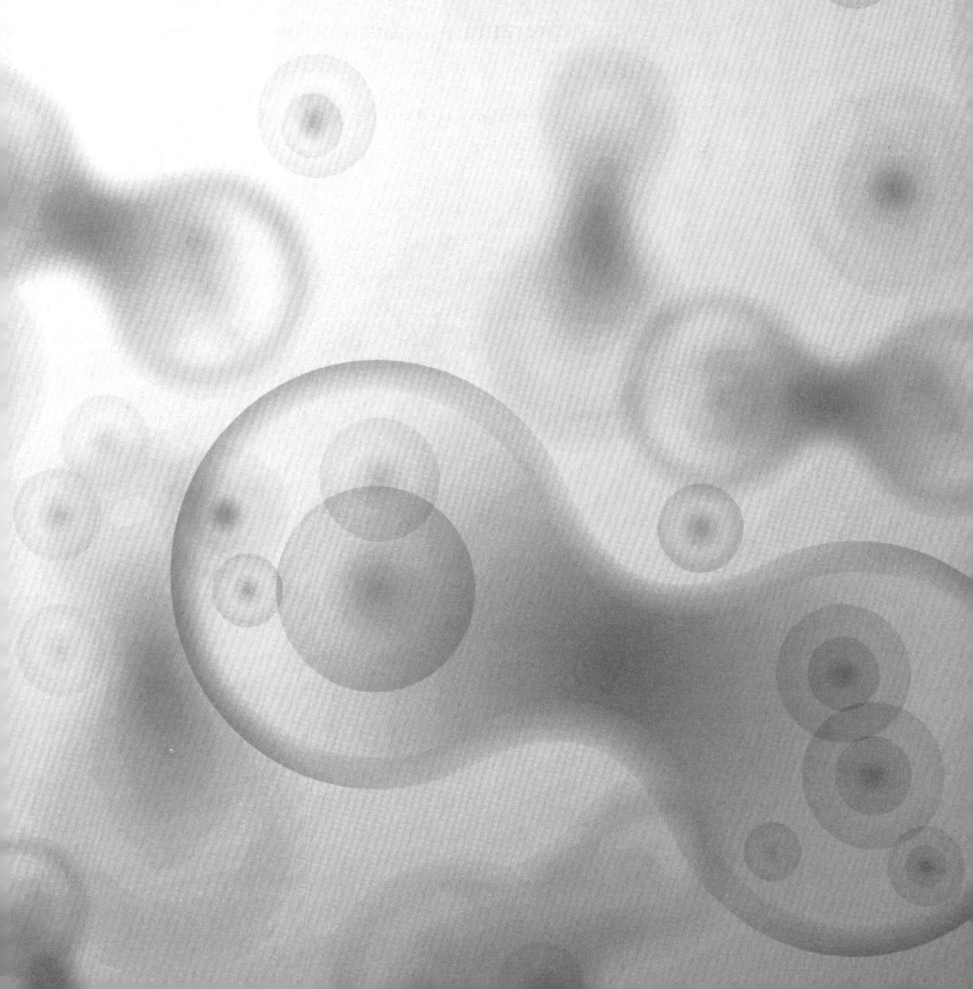

Capítulo 5
Cadastro Nacional de
Estabelecimentos de Saúde

Conteúdos do capítulo:

- Cadastro Nacional de Estabelecimentos de Saúde.
- Setor hospitalar no Brasil.
- Classificação Brasileira de Ocupações.

Após o estudo deste capítulo, você será capaz de:

1. compreender o conceito e as características do Cadastro Nacional de Estabelecimentos de Saúde;
2. refletir sobre o setor hospitalar no Brasil;
3. entender o que representa o Índice de Desenvolvimento Humano (IDH);
4. compreender a Classificação Brasileira de Ocupações.

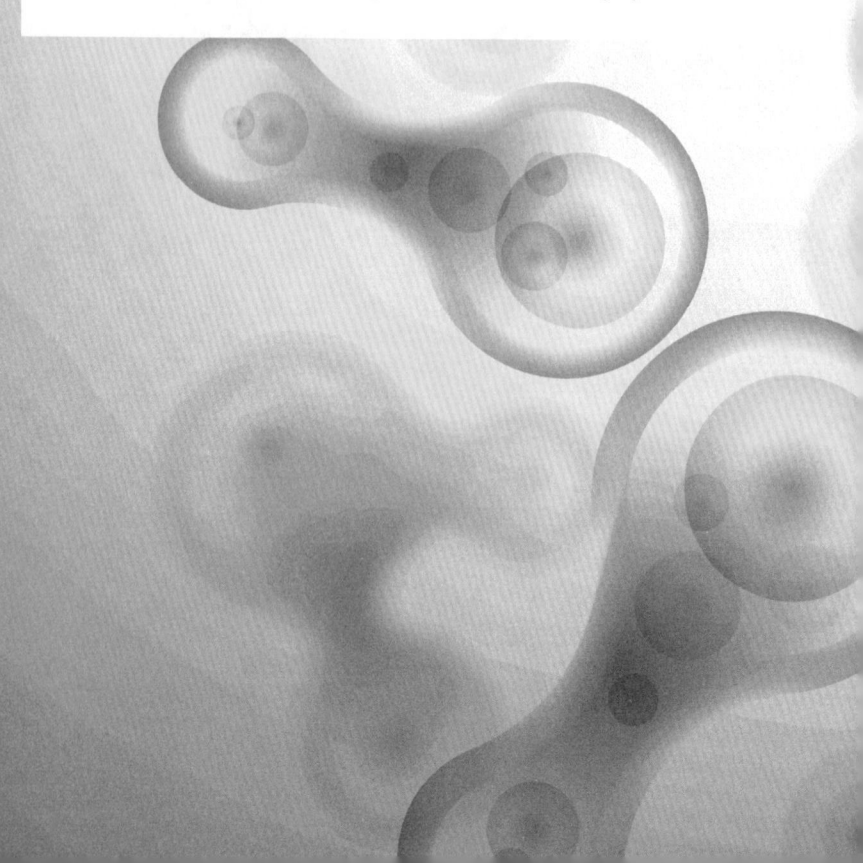

5.1 Conceito e características do Cadastro Nacional de Estabelecimentos de Saúde

O Departamento de Informática do SUS (Datasus) foi criado para informatizar as atividades do Sistema Único de Saúde (SUS), em conformidade com as diretrizes tecnológicas adequadas, com o propósito de tornar possível a descentralização das atividades e viabilizar o controle social sobre os recursos disponíveis (Brasil, 2016a).

De acordo com o Datasus (2016), o Cadastro Nacional de Estabelecimentos de Saúde (CNES) tem por objetivo automatizar a coleta de dados estadual e municipal feita sobre a capacidade física instalada, sobre serviços e profissionais vinculados aos estabelecimentos de saúde, bem como sobre equipes de Saúde da Família, conferindo subsídios aos gestores (Ministério da Saúde, Secretarias Estaduais de Saúde – SESs, Secretarias Municipais de Saúde – SMSs etc.) com dados de abrangência nacional para efeito de planejamento de ações em saúde.

Em 21 de julho de 2011, de acordo com o Decreto n. 7.530, o Datasus passou a integrar a Secretaria de Gestão Estratégica e Participativa do Ministério da Saúde (Brasil, 2016a).

Entre as competências do Datasus, elencadas no art. 35 do referido decreto, citamos as seguintes:

> I – *fomentar, regulamentar e avaliar as ações de informatização do SUS, direcionadas à manutenção e ao desenvolvimento do sistema de informações em saúde e dos sistemas internos de gestão do Ministério da Saúde;*

II – *desenvolver, pesquisar e incorporar produtos e serviços de tecnologia da informática que possibilitem a implementação de sistemas e a disseminação de informações necessárias às ações de saúde, em consonância com as diretrizes da Política Nacional de Saúde;*

III – *manter o acervo das bases de dados necessárias ao sistema de informações em saúde e aos sistemas internos de gestão institucional;*

IV – *assegurar aos gestores do SUS e órgãos congêneres o acesso aos serviços de tecnologia da informação e bases de dados mantidos pelo Ministério da Saúde;*

V – *definir programas de cooperação tecnológica com entidades de pesquisa e ensino para prospecção e transferência de tecnologia e metodologia no segmento de tecnologia da informação em saúde;*

VI – *apoiar os Estados, Municípios e o Distrito Federal na informatização das atividades do SUS.* (Brasil, 2016a)

Portanto, o CNES se tornou a base para operacionalizar os Sistemas de Informações em Saúde, sendo estes imprescindíveis a um gerenciamento eficaz e eficiente.

Pela Portaria n. 511, de 29 de dezembro de 2000 (Brasil, 2001), a Secretaria de Assistência à Saúde do Ministério da Saúde, após o término da consulta pública, aprovou e ratificou a Ficha Cadastral dos Estabelecimentos de Saúde (FCES) e seus respectivos manuais e determinou ao Datasus a criação do Banco de Dados Nacional de Estabelecimentos de Saúde. Seu público-alvo foram os estabelecimentos públicos de saúde, a rede complementar e os prestadores do SUS, tanto pessoas físicas como jurídicas.

O cadastro serve como base para os seguintes sistemas:

- *Sistema de Informação Ambulatorial;*
- *Sistema de Informação Hospitalar;*
- *Cartão Nacional de Saúde;*
- *Sistema de Informação de Regulação;*

- *Sistema de Informação da Programação Pactuada e Integrada;*
- *Sistema de Informações da Anvisa;*
- *Sistema de Informações da ANS;*
- *Gerenciador de Informações Locais (GIL).* (Datasus, 2016)

O CNES também reúne informações sobre as condições de infraestrutura de funcionamento dos estabelecimentos de saúde nas esferas federal, estadual e municipal. Os dados constituem um dos pontos fundamentais para elaborar a programação, controlar e avaliar a assistência hospitalar e ambulatorial no Brasil (ver Anexo 5).

Outro aspecto a considerar é a transparência oferecida à sociedade, uma vez que, pelo *site*, o usuário pode conhecer toda a infraestrutura de saúde, bem como a capacidade instalada existente e disponível no Brasil. Em conjunto com o Conselho Nacional de Saúde, o CNES é o principal elo entre todos os sistemas do SUS (Datasus, 2016).

O sistema coleta os seguintes dados:

- *Informações básicas gerais:*
- *Endereçamento/Localização;*
- *Gestor Responsável (SMS, SES etc.);*
- *Atendimento prestado (Internação, Ambulatório etc.);*
- *Caracterização (Natureza, Esfera, Ret. Tributos etc.);*
- *Equipamentos (RX, Tomógrafo, ultrassom etc.);*
- *Serviços de Apoio (SAME, S. Social, Lavanderia etc.);*
- *Serviços Especializados (Cardiologia, Nefrologia, Farmácia etc.);*
- *Instalações Físicas (leitos, salas etc.)*
- *Profissionais (SUS, Não SUS, CBO, Carga horária etc.);*
- *Equipes (ESF, PACS etc.);*
- *Cooperativa.* (Datasus, 2016)

O CNES oferece ao gestor o conhecimento da realidade da rede assistencial existente e suas potencialidades, visando auxiliar no planejamento em saúde, em todos os níveis de governo, bem como dar maior visibilidade ao controle social a ser exercido pela população (Datasus, 2016).

5.2 O setor hospitalar no Brasil

De acordo com informações retiradas do *site* da Irmandade da Santa Casa da Misericórdia de Santos (2016), a história dos hospitais no Brasil se iniciou com a fundação, em 1542, pelo português Braz Cubas, então líder do povoado de São Vicente, dessa instituição, inaugurada em 1º de novembro de 1543. O modelo religioso foi adotado pela experiência de Portugal e Espanha.

Atualmente, a área de saúde no Brasil compreende dois sistemas de atendimento: o SUS, financiado e operado pelo Estado, e um sistema custeado pelo setor privado, composto de seguradoras privadas e operadoras de planos de pré-pagamento.

De acordo com a Constituição Federal (Brasil, 1988) – cujos arts. 196 a 200 estão disponíveis no Anexo 3 desta obra –, em seu art. 196, "A saúde é direito de todos e dever do Estado, garantido mediante políticas sociais e econômicas que visem à redução do risco de doença e de outros agravos e ao acesso universal e igualitário às ações e serviços para sua promoção, proteção e recuperação". Em seu art. 197, a Constituição apregoa que "São de relevância pública as ações e serviços de saúde, cabendo ao Poder Público dispor, nos termos da lei, sobre sua regulamentação, fiscalização e controle, devendo sua execução ser feita diretamente ou através de terceiros e, também, por pessoa física ou jurídica de direito privado" (Brasil, 1988).

O SUS veio em substituição ao Instituto Nacional de Assistência Médica da Previdência Social (Inamps). Foi proposto pela Lei n. 8.080, de 19 de setembro de 1990, que o SUS fosse pautado em três princípios éticos ou doutrinários (universalidade, integralidade e equidade) e três diretrizes (descentralização, regionalização e hierarquização) (Brasil, 1990).

A organização do SUS é descentralizada, ou seja, é controlada pela União, porém tem seu centro de aplicação nos municípios, o que torna encargo destes a manutenção do sistema. A própria Lei 8.080/1990 é que determina a divisão de poderes entre os três níveis de governo sobre o SUS. Para que os municípios possam gerir sua parte no SUS, essa organização deve constar da Lei Orgânica de cada um deles:

> Lei Orgânica é a lei maior do município e é com ela que os Municípios se organizam. Está para o município como a Constituição Federal está para a União. A Lei Orgânica é votada em dois turnos, sendo que deve existir entre eles o intervalo mínimo de dez dias. É necessário que seja aprovada por, ao menos, dois terços dos membros da Câmara Municipal e este estão promulgará. (Jusbrasil, 2016)

Em 1994, foi implantado o Programa Saúde da Família (PSF) pelo Ministério da Saúde, atualmente denominado *Estratégia Saúde da Família*, pelo fato de não se tratar mais apenas de um programa, mas de uma estratégia com o objetivo de reverter o modelo assistencial vigente em que predomina o atendimento emergencial ao doente, na maioria das vezes em grandes hospitais.

O Programa de Saúde da Família é originário do Programa de Agentes Comunitários da Saúde (Pacs), pelo qual os profissionais visitam as famílias realizando buscas ativas de situações de risco individual e coletivo, sob a orientação de médicos e enfermeiros. É um programa integrante da comunidade, que age comunicando à unidade de saúde as intercorrências encontradas.

O Programa Mais Médicos (PMM), de iniciativa do governo federal com o apoio de estados e municípios, visa à melhoria do atendimento aos usuários do SUS.

Além de levar mais médicos para regiões onde há escassez ou ausência desses profissionais, o programa prevê, ainda, mais investimentos para construção, reforma e ampliação de Unidades Básicas de Saúde (UBS), além de novas vagas de graduação e residência médica para qualificar a formação desses profissionais. (Brasil, 2016b)

O programa foi criado pela Medida Provisória n. 621, publicada em 8 de julho de 2013 e regulamentada em outubro do mesmo ano pela Lei n. 12.871, de 22 de outubro de 2013, após amplo debate público com a sociedade e Congresso Nacional.

Esse programa foi capaz de implantar e desenvolver seus três pilares: a estratégia de contratação emergencial de médicos; a expansão do número de vagas para os cursos de Medicina e residência médica em várias regiões do país; a implantação de um novo currículo com uma formação voltada para o atendimento mais humanizado, com foco na valorização da atenção básica, além de ações voltadas à infraestrutura das Unidades Básicas de Saúde (Brasil, 2016b).

> Atualmente, o Programa Mais Médicos conta com um total de **18.240 vagas** em **4.058 municípios** de todo o país, cobrindo 73% das cidades brasileiras e 34 Distritos Sanitários Especiais Indígenas (DSEIs). Com a expansão do programa em 2015, o governo federal garante assistência para aproximadamente 63 milhões de pessoas.

(Brasil, 2016b, grifo do original)

Para ofertar uma atenção mais específica e adequada, a saúde foi descentralizada com o fim de melhor triar os casos e desafogar centros especializados de alta complexidade, redirecionando-se casos de menor urgência ou de fácil resolução.

A oferta de saúde acontece em três níveis: primário, secundário e terciário, sendo que alguns hospitais já se enquadram como de nível Quaternário.

- Nível primário: posto de saúde e centro de saúde.
- Nível secundário: ambulatório geral, unidade mista, hospital local e hospital regional.
- Nível terciário: ambulatório de especialidades, hospital de base (hospital de especialidades) e hospital especializado.

Para finalizar, o Gráfico 5.1 indica como estão elencados os leitos hospitalares no Brasil.

Gráfico 5.1 – Leitos hospitalares no Brasil

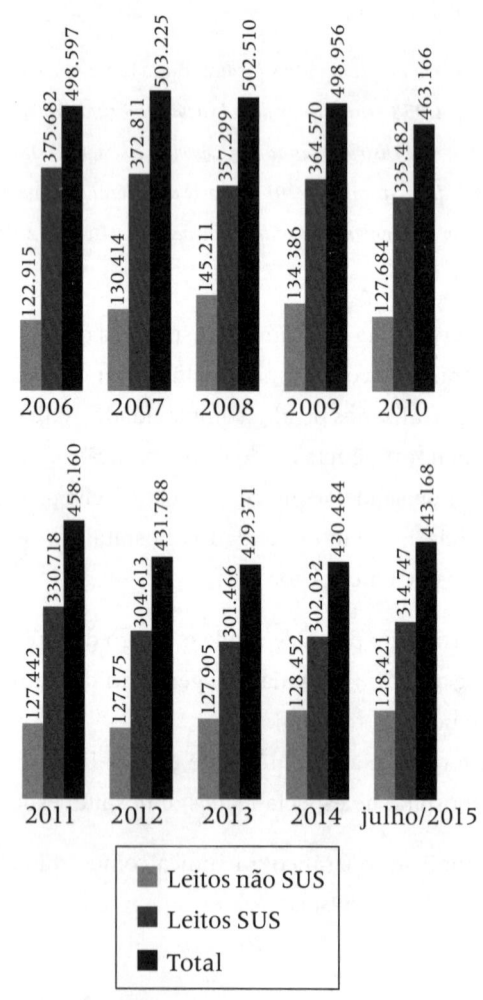

Ano	Leitos não SUS	Leitos SUS	Total
2006	122.915	375.682	498.597
2007	130.414	372.811	503.225
2008	145.211	357.299	502.510
2009	134.386	364.570	498.956
2010	127.684	335.482	463.166
2011	127.442	330.718	458.160
2012	127.175	304.613	431.788
2013	127.905	301.466	429.371
2014	128.452	302.032	430.484
julho/2015	128.421	314.747	443.168

Fonte: Adaptado de FBH, 2016a.

A Organização Mundial de Saúde (OMS) recomenda um índice ideal de 3 a 5 leitos para cada mil habitantes. O Brasil está bem abaixo do estimado, correspondendo a um índice médio de 2,4 leitos por mil habitantes (AHSEB, 2014).

5.3 Índice de Desenvolvimento Humano (IDH)

O Índice de Desenvolvimento Humano (IDH) é um indicador elaborado pela Organização das Nações Unidas (ONU) que visa medir a qualidade de vida das pessoas. Tal índice engloba renda, saúde e educação.

Esse indicador foi criado por Mahbud ul Haq, juntamente com o economista indiano Amartya Sen, ganhador do Prêmio Nobel de Economia em 1998.

De acordo com Cobra (2001, p. 263), "além de computar o PIB *per capita*, o IDH incorpora outros dois indicadores de qualidade de vida: a saúde e a educação. Os três têm o mesmo peso no cálculo do índice". Ainda, segundo o autor, "para medir o grau de saúde, utiliza-se a esperança de vida ao nascer. Para mensurar o nível educacional, empregam-se as matrículas e a alfabetização" (Cobra, 2001, p. 263). Depois de apurar os dados estatísticos de cada país, faz-se uma média geral dos três indicadores (IDH saúde, IDH educação e IDH renda), cujo resultado varia de 0 a 1.

Na planilha do *ranking* dos países mais e menos desenvolvidos, que reúne 188 países, observa-se que o Brasil, na última avaliação da ONU, avançou uma posição no IDH e passou do 80° lugar em 2012 para o 79° em 2013, chegando a 75° em 2015.

As Nações Unidas fizeram alterações no método de cálculo, o que modificou o índice do Brasil em 2012. Com a atualização dos cálculos, o país passou da 85º posição para 80º.

Assim, conforme a metodologia aplicada atualmente, o Brasil registrou, em 2013, IDH de 0,744 e, em 2012, 0,742, incluindo o país entre os de desenvolvimento denominado "elevado". (Passarinho, 2014)

Portanto, o administrador de serviços hospitalares necessita de informações que envolvam o desenvolvimento da população em relação à sua qualidade de vida e sobrevivência, visando ao aumento de leitos, políticas de saúde e indicadores de qualidade dos serviços prestados.

No Brasil, o comportamento do indivíduo na compra de serviços de saúde varia de acordo com os fatores sociais, culturais, pessoais e psicológicos. Assim, de acordo com o *ranking* do IDH, temos alguns fatores que, habitualmente, interferem nos cuidados com a saúde:

- **Fator social**: a classe social influencia na escolha de médicos, dentistas, hospitais e laboratórios.
- **Fator cultural**: o grau de escolaridade e cultura em geral influencia no processo de tomada de decisão de serviços de saúde.
- **Fator pessoal**: a compra de serviços de saúde, nesse caso, é influenciada pela idade, pelo estágio de ciclo de vida, pelo tipo de ocupação, pela situação econômica e pelo estilo de vida.
- **Fatores psicológicos**: referem-se ao aprendizado e à atitude das pessoas em relação à saúde.

Portanto, há uma diversificação muito grande, o que nos leva à necessidade de desenvolver a percepção de que o usuário dos serviços de saúde tem suas particularidades. Por isso, é preciso ter o cuidado de atendê-lo com eficiência. No Brasil, estamos passando pelo envelhecimento da população, e os serviços de saúde devem preparar-se para esse momento. Há necessidade de um planejamento em saúde, em que a proporcionalidade da demanda caminhe paralela ao aumento do número de leitos, de atendimentos e de profissionais de saúde.

5.4 Classificação Brasileira de Ocupações – CBO

A Classificação Brasileira de Ocupações – CBO é o documento normalizador que reconhece, nomeia e codifica os títulos e conteúdos das ocupações profissionais do mercado de trabalho brasileiro. É, ao mesmo tempo, classificação enumerativa e classificação descritiva (Brasil, 2010, p. 8).

A classificação é composta, segundo o Ministério do Trabalho e Emprego (TEM), dos seguintes grupos:

- Grande grupo 0: membros das forças armadas, policiais e bombeiros;
- Grande grupo 1: membros superiores do poder público, dirigentes de organização de interesse público e de empresas, gerentes;
- Grande grupo 2: profissionais das ciências e das artes;

- Grande grupo 3: técnico de nível médio;
- Grande grupo 4: trabalhadores de serviços administrativos;
- Grande grupo 5: trabalhadores dos serviços, vendedores do comércio em lojas e mercados.

Esse documento é composto de códigos, títulos e descrições das profissões reconhecidas no país, contendo as ocupações e atividades exercidas nas organizações públicas e privadas. Portanto, cada atividade possui um número, a denominação, funções e experiências, condições gerais do exercício fixado pelo CIUO – *Classificación Internacional Uniforme de Ocupaciones*, da OIT – Organização Internacional do Trabalho. Para entendermos melhor, vamos exemplificar com um a atividade retirada do CBO (Brasil, 2010, p. 259-260), no Quadro 5.1.

Quadro 5.1 – Descrição da profissão Enfermeiro – 2235

Classificação CBO	Nome
2235	Enfermeiros e afins
2235-05	Enfermeiro
2235-10	Enfermeiro auditor
2235-25	Enfermeiro de terapia intensiva
2235-30	Enfermeiro do trabalho
2235-35	Enfermeiro nefrologista
2235-40	Enfermeiro neonatologista
2235-45	Enfermeiro obstétrico
2235-50	Enfermeiro psiquiátrico
2235-55	Enfermeiro puericultor e pediátrico
2235-60	Enfermeiro sanitarista
2235-65	Enfermeiro da estratégia de saúde da família
2235-70	Perfusionista

(continua)

(Quadro 5.1 – conclusão)

Descrição sumária: Prestam assistência ao paciente e/ou cliente em clínicas, hospitais, ambulatórios, transportes aéreos, navios, postos de saúde e em domicílio, realizando consultas e procedimentos de maior complexidade e prescrevendo ações; coordenam e auditam serviços de enfermagem, implementam ações para a promoção da saúde na comunidade. Podem realizar pesquisas.

Formação e experiência: Para o exercício dessas ocupações é exigido curso superior de Enfermagem e registro no Corem. O exercício pleno das atividades ocorre após um a dois anos de experiência profissional. Exceção feita aos profissionais que atuam na Estratégia de Saúde da Família, onde não há exigência de experiência anterior. Para ser um especialista na área, é recomendável que o profissional passe, primeiramente, por diferentes experiências de trabalho e posteriormente se especialize na área escolhida.

Condições gerais de exercício: Atuam nas áreas de saúde e serviços sociais. Exercem atividades em empresas públicas e privadas. A grande maioria possui registro em carteira, trabalham em equipe, em ambientes fechados e com revezamento de turnos (diurno/noturno), com exceção dos profissionais que atuam na Estratégia de Saúde da Família, que trabalham somente em horário diurno e com carga determinada em portaria específica. Os profissionais são predominantemente do sexo feminino, porém o número de profissionais do sexo masculino tem aumentado. São expostos a riscos biológicos e, com exceção dos enfermeiros sanitaristas e do trabalho, a materiais tóxicos, radiações e estresse decorrente de lidar com vida humana. Código internacional CIUO 88 2230 – *Personal de enfermería y partería de nivel superior*.

Fonte: Brasil, 2010.

Há profissionais de enfermagem que também atuam em universidades e instituições de pesquisa, nas funções de professor e pesquisador. Para classificação considerar as atividades que demandam mais tempo. A legislação que determina essa atividade é composta pela Lei n. 5.905, de 12 de julho de 1973, que dispõe sobre a criação dos Conselhos Federal e Regionais de Enfermagem, e também pela Lei n. 7.498, de 25 de junho 1986, que regulamenta o exercício da Enfermagem.

Os recursos de trabalho do enfermeiro, em sua profissão, incluem autoclaves; equipamentos de reanimação cardiorrespiratória; equipamentos de suporte respiratório; equipamentos para monitoração de sinais vitais; impressos; instrumental cirúrgico; kits de emergência; manuais de normas e procedimentos; material médico-hospitalar de consumo; medicamentos, hemocomponentes e hemoderivados.

Desse modo, a classificação de ocupações regulamenta todas as profissões no país, divididas em grandes grupos, até as atividades específicas, em cada descrição de profissão. Dentro de hospitais, nos interessa muito, por apresentar especificamente as funções de cada cargo.

Síntese

Neste capítulo, apresentamos o conceito e as características do CNES, bem como informações acerca do funcionamento do setor hospitalar brasileiro. Também comentamos brevemente sobre o IDH.

Questões para revisão

1. Qual é o objetivo do CNES?

2. Por que foi criado o Datasus?

3. No Brasil, a compra dos serviços de saúde depende dos seguintes fatores:
    a) social, econômico, administrativo e pessoal.
    b) social, humano, administrativo e econômico.
    c) social, cultural, psicológico e econômico.
    d) social, cultural, pessoal e humano.
    e) social, cultural, pessoal e psicológico.

4. A OMS recomenda um índice ideal de:
   a) três a sete leitos para cada mil habitantes.
   b) três a cinco leitos para cada mil habitantes.
   c) quatro a cinco leitos para cada mil habitantes.
   d) cinco a sete leitos para cada mil habitantes.
   e) Nenhuma das alternativas anteriores está correta.

5. O Programa Mais Médicos foi implantado e desenvolvido:
   a) pela estratégia de contratação emergencial de médicos.
   b) pela expansão do número de vagas para os cursos de Medicina e residência médica.
   c) pela implantação de um novo currículo para um atendimento mais humanizado.
   d) As três primeiras opções estão corretas.
   e) Apenas as duas primeiras opções estão corretas.

Questões para reflexão

1. Indique alguns dos fatores que interferem nos cuidados da saúde no Brasil.

2. Comente sobre o IDH e sua importância no crescimento econômico de um país.

Para saber mais

LEÃO, E. R. S.; RODRIGUES, C. P.; CAVALLINI, D. **Qualidade em saúde**. São Paulo: Yendes, 2015.

Nesse livro, os autores analisam os principais critérios para uma avaliação da qualidade dos serviços prestados pelas organizações de saúde.

RODRIGUES, M. V. et al. **Qualidade e acreditação em saúde**. Rio de Janeiro: FGV, 2014.

Essa obra apresenta conceitos, metodologias e ferramentas de gestão em saúde. Outros temas abordados estão concentrados nos indicadores de desempenho e na aplicabilidade desses processos nas realidades pública e privada.

MALAGON-LONDONO, G. **Administração hospitalar**. Rio de Janeiro: Guanabara-Koogan, 2012.

Essa obra versa sobre vários conceitos de administração hospitalar, apresentando a estrutura, o planejamento, a organização, a direção e o controle existente nas instituições de saúde.

Para concluir...

O objetivo deste livro foi apresentar um estudo sobre a organização estrutural e funcional do hospital. Na obra, pudemos fazer uma reflexão sobre a atual situação das políticas públicas e privadas em saúde no Brasil.

Por meio de uma ampla bibliografia, buscamos disponibilizar aos leitores um material que embasasse os estudos de alunos e profissionais de saúde, propondo atividades, questões para reflexão e estudos de caso. Consideramos importante, também, providenciar um acesso básico ao conhecimento da legislação de saúde que permeia as esferas federal, estadual e municipal.

Como pudemos perceber, a área hospitalar é muito sensível e está suscetível a mudanças, principalmente em termos de tecnologia e pesquisa científica, motivo pelo qual convidamos alunos, professores e profissionais de saúde a continuar os estudos sobre o tema exposto nesta obra.

Esperamos ter atendido às expectativas dos leitores. Nosso esforço foi amplo no sentido de procurar agregar mais conhecimento sobre a gestão hospitalar.

Terminamos este nosso trabalho com as cinco perguntas mais importantes de Peter Drucker (1993, tradução nossa) e que atendem também a área hospitalar, para que você, leitor, possa refletir a respeito. Tais perguntas se aplicam a várias áreas e certamente nortearão seu aprimoramento na esfera da organização estrutural e gerencial dos hospitais:

1. Qual é nossa missão?
2. Quem é nosso cliente?
3. O que nosso cliente valoriza?
4. Quais são nossos resultados?
5. Qual é nosso plano?

Lista de siglas

ANS	Agência Nacional de Saúde Suplementar
Anvisa	Agência Nacional de Vigilância Sanitária
CBO	Classificação Brasileira de Ocupações
CCIH	Comissão de Controle de Infecção Hospitalar
CLT	Consolidação das Leis do Trabalho
CME	Central de Materiais e Esterilização
CNES	Cadastro Nacional de Estabelecimentos de Saúde
Cofen	Conselho Federal de Enfermagem
Conass	Conselho Nacional de Secretários de Saúde
Datasus	Departamento de Informática do Sistema Único de Saúde
EAS	Estabelecimento Assistencial de Saúde
IDH	Índice de Desenvolvimento Humano
Inamps	Instituto Nacional de Assistência Médica da Previdência Social
INDSH	Instituto Nacional de Desenvolvimento Social e Humano
MS	Ministério da Saúde
OMS	Organização Mundial da Saúde
ONA	Organização Nacional de Acreditação
ONU	Organização das Nações Unidas
OS	Organização Social
OSCIP	Organização da Sociedade Civil de Interesse Público
Pacs	Programa Agentes Comunitários de Saúde
PMM	Programa Mais Médicos
POP	Procedimento Operacional Padrão
PSF	Programa Saúde da Família
SES	Secretaria Estadual de Saúde

SESMT	Serviço Especializado em Engenharia de Segurança e Medicina do Trabalho
SMS	Secretaria Municipal de Saúde
SPRSS	Serviço de Processamento de Roupas dos Serviços de Saúde
SUS	Sistema Único de Saúde
UPA	Unidade de Pronto Atendimento

Referências

AHSEB – Associação de Hospitais e Serviços de Saúde do Estado da Bahia. **Segundo OMS, ideal é ter de 3 a 5 leitos para cada mil habitantes. No Brasil, índice médio é de 2,4.** 7 ago. 2014. Disponível em: <http://www.ahseb.com.br/segundo-oms-ideal-e-ter-de-3-a-5-leitos-para-cada-mil-habitantes-no-brasil-indice-medio-e-de-24/>. Acesso em: 15 ago. 2016

ANDRADE, R. O. B. de; AMBONI, N. **Teoria geral da administração**. Rio de Janeiro: Campus, 2009.

ANVISA – Agência Nacional de Vigilância Sanitária. **Conforto ambiental em estabelecimentos assistenciais de saúde**. Brasília, 2014. Disponível em: <http://conforlab.com.br/legislacao/manual_conforto_ambiental.pdf>. Acesso em: 10 ago. 2016.

ARGYRIS, C. **A integração indivíduo-organização**. São Paulo: Atlas, 1975.

AYRES, A. de P. S. **Gestão de logística e operações**. Curitiba: Iesde, 2009.

AZEVEDO, E. de A. Organizações sociais. **Revista da Procuradoria Geral do Estado de São Paulo**, São Paulo, n. 51/52, p. 135-142, jan./dez. 1999. Disponível em: <http://www.pge.sp.gov.br/centrodeestudos/revistaspge/Revista%20PGE%2051-52.pdf>. Acesso em: 15 ago. 2016.

BARRIOS, O. A. et al. **Redes integradas de servicios de salud**: el desafío de los hospitales. Santiago: OPS/OMS, 2011.

BERGUE, S. T. **Modelos de gestão em organizações públicas**: teorias e tecnologias para análise e transformação organizacional. Caxias do Sul: Educs, 2011.

BERTO, A. M. Hospitais: muitos processos, algumas análises, pouco referencial teórico. In: SIMPÓSIO INTERNACIONAL DE CIÊNCIAS INTEGRADAS DA UNAERP CAMPUS GUARUJÁ, 4., 2007, Guarujá, SP. Anais... Guarujá, SP: Unaerp, 2007.

BORBA, V. R. **Administração hospitalar**: princípios básicos. 3. ed. São Paulo: Cedas, 1991.

BORBA, V. R.; LISBOA, T. C. **Teoria geral da administração hospitalar**: estrutura e evolução do processo de gestão hospitalar. Rio de Janeiro: Qualitymark, 2006.

BORBA, V. R.; LISBOA, T. C.; ULHÔA, W. M. M. (Org.). **Gestão administrativa e financeira de organizações de saúde**. São Paulo: Atlas, 2009.

BRASIL. Conselho Nacional de Secretários de Saúde – Conass. **Para entender a gestão do SUS**. Brasília, 2003a. Disponível em: <http://bvsms.saude.gov.br/bvs/publicacoes/para_entender_gestao.pdf>. Acesso em: 17 abr. 2016.

BRASIL. Constituição (1988). **Diário Oficial da União**, Brasília, DF, 5 out. 1988. Disponível em: <http://www.planalto.gov.br/ccivil_03/Constituicao/Constituicao.htm>. Acesso em: 26 abr. 2016.

_____. Lei n. 8.080, de 19 de setembro de 1990. **Diário Oficial da União**, Poder Legislativo, Brasília, DF, 20 set. 1990. Disponível em: <http://www.planalto.gov.br/ccivil_03/leis/L8080.htm> Acesso em: 17 abr. 2016.

_____. Lei n. 9.637, de 15 de maio de 1998. **Diário Oficial da União**, Poder Legislativo, Brasília, DF, 18 maio 1998a. Disponível em: <http://www.planalto.gov.br/ccivil_03/leis/L9637.htm>. Acesso em: 26 abr. 2016.

BRASIL. Ministério da Educação. Programa de Estudos Avançados em Administração Hospitalar e de Sistemas de Saúde do Hospital das Clínicas da Faculdade de Medicina da Universidade de São Paulo e da Fundação Getulio Vargas. **Modelo de Dimensionamento de Recursos Humanos para Hospitais Universitários**. São Paulo, 1992.

BRASIL. Ministério da Saúde. Agência Nacional de Vigilância Sanitária. Resolução RDC n. 50, de 21 de fevereiro de 2002. **Diário Oficial da União**, Brasília, DF, 22 fev. 2002a. Disponível em: <http://bvsms.saude.gov.br/bvs/saudelegis/anvisa/2002/res0050_21_02_2002.html>. Acesso em: 17 abr. 2016.

_____. Resolução RDC n. 307, de 14 de novembro de 2002. **Diário Oficial da União**, Brasília, DF, 18 nov. 2002b. Disponível em: <http://bvsms.saude.gov.br/bvs/saudelegis/anvisa/2002/rdc0307_14_11_2002.html>. Acesso em: 26 abr. 2016.

_____. Resolução RDC n. 36, de 25 de julho de 2013. **Diário Oficial da União**, Brasília, DF, 26 jul. 2013a. Disponível em: <http://bvsms.saude.gov.br/bvs/saudelegis/anvisa/2013/rdc0036_25_07_2013.html>. Acesso em: 26 abr. 2016.

BRASIL. Ministério da Saúde. Gabinete do Ministro. Portaria n. 2.616, de 12 de maio de 1998. **Diário Oficial da União**, Brasília, DF, 13 maio 1998b. Disponível em: <http://www.ccih.med.br/portaria2616.html>. Acesso em: 26 abr. 2016.

_____. Portaria n. 1.101, de 12 de junho de 2002. **Diário Oficial da União**, Brasília, DF, 13 jun. 2002c. Disponível em: <http://www1.saude.ba.gov.br/regulasaude/2009/PN%20PORTARIAS%202009/nvos%20pdfs%202009/PT%20GM%201101%2012.06.2002.pdf>. Acesso em: 26 abr. 2016.

_____. Portaria n. 2.224, de 5 de dezembro de 2002. **Diário Oficial da União, Brasília**, DF,

BRASIL. Portaria n. 2.488, de 21 de outubro de 2011. **Diário Oficial da União**, Brasília, DF, 24 out. 2011. Disponível em: <http://bvsms.saude.gov.br/bvs/saudelegis/gm/2011/prt2488_21_10_2011.html>. Acesso em: 26 abr. 2016.

BRASIL. Ministério da Saúde. Portal da Saúde. **O Datasus**. Disponível em: <http://www2.datasus.gov.br/DATASUS/>. Acesso em: 17 abr. 2016a.

BRASIL. Ministério da Saúde. Secretaria de Assistência à Saúde. Portaria n. 511, de 29 de dezembro de 2000. **Diário Oficial da União**, Brasília, DF, 4 jan. 2001. Disponível em: <http://sna.saude.gov.br/legisla/legisla/control_av/SAS_P511_01control_av_g.doc>. Acesso em: 26 abr. 2016.

_____. Portaria n. 115, de 19 de maio de 2003. **Diário Oficial da União**, Brasília, DF, 20 maio 2003b. Disponível em: <http://189.113.174.112/~fehospcom/app/webroot/files/legislacoes/cf309d2be28bc59da754d859665e7791.doc>. Acesso em: 16 ago. 2016.

_____. Portaria n. 761, de 8 de julho de 2013. **Diário Oficial da União**, Brasília, DF, 8 jul. 2013b. Disponível em: <http://bvsms.saude.gov.br/bvs/saudelegis/sas/2013/prt0761_08_07_2013.html>. Acesso em: 26 abr. 2016.

BRASIL. Ministério da Saúde. Secretaria Nacional de Ações Básicas de Saúde. Coordenação de Assistência Médica e Hospitalar. **Conceitos e definições em saúde**. Brasília, 1977. Disponível em: <http://bvsms.saude.gov.br/bvs/publicacoes/0117conceitos.pdf>. Acesso em: 26 abr. 2016.

BRASIL. Ministério do Trabalho e Emprego. Gabinete do Ministro. Portaria MTE n. 485, de 11 de novembro de 2005. **Diário Oficial da União**, Brasília, DF, 16 nov. 2005. Disponível em: <http://www.camara.gov.br/sileg/integras/726447.pdf>. Acesso em: 16. ago. 2016.

BRASIL. Ministério do Trabalho e Emprego. Secretaria de Inspeção do Trabalho. Portaria n. 3.214, de 8 de junho de 1978. **Diário Oficial da União**, Brasília, DF, 6 jul. 1978. Disponível em: <http://www.camara.gov.br/sileg/integras/839945.pdf>. Acesso em: 26 abr. 2016.

_____. Ministério do Trabalho e Emprego. **Classificação Brasileira de Ocupações**. 3. ed. Brasília: MTE; SPPE, 2010. 3 vol.

BRASIL. **Programa Mais Médicos**. Disponível em: <http://maismedicos.gov.br/conheca-programa>. Acesso em: 17 abr. 2016b.

BURMESTER, H. **Gestão da qualidade hospitalar**. São Paulo: Saraiva, 2013.

CAMPOS, J. de Q.; BORBA, V. R. **Marketing de relacionamento no campo da saúde**: o desafio da década. São Paulo: Jotacê, 2003.

CFA – Conselho Federal de Administração. Resolução Normativa n. 393, de 6 de dezembro de 2010. **Diário Oficial da União**, Brasília, DF, 8 dez. 2010. Disponível em: <http://www.crars.org.br/arquivos/codigo_etica.pdf>. Acesso em: 26 abr. 2016.

CHERUBIN, N. A. **A epopeia das misericórdias**. São Paulo: São Camilo, 2014.

CHERUBIN, N. A.; SANTOS, N. A. dos. **Administração hospitalar**: fundamentos. 4. ed. São Paulo: São Camilo, 2012.

CNES – Cadastro Nacional de Estabelecimentos de Saúde. **Instruções de preenchimento: Ficha nº 20 – Cadastro de Profissional**. Disponível em: <http://www.uberaba.mg.gov.br/portal/acervo//saude/arquivos/cnes/CNES%20-%20manuais%202/Manual_preench_ficha_20.pdf>. Acesso em: 26 abr. 2016.

CNS – Confederação Nacional de Saúde. **Dados do setor**. Disponível em: <http://www.cns.org.br/links/DADOS_DO_SETOR.htm>. Acesso em: 17 abr. 2016.

COBRA, M. **Estratégias de marketing de serviços**. 2. ed. São Paulo: Cobra, 2001.

COFEN – Conselho Federal de Enfermagem. Resolução n. 293, de 21 de setembro de 2004. **Diário Oficial da União**, Brasília, DF, 1º nov. 2004. Disponível em: <http://www.cofen.gov.br/resoluo-cofen-2932004_4329.html>. Acesso em: 17 abr. 2016.

CRA-SP – Conselho Regional de Administração de São Paulo. Disponível em: <http://www.crasp.gov.br/crasp/WebForms/default.aspx>. Acesso em: 17 abr. 2016.

DATASUS – Departamento de Informática do SUS. **CNES – Cadastro Nacional de Estabelecimentos de Saúde**. Disponível em: <http://datasus.saude.gov.br/sistemas-e-aplicativos/cadastros-nacionais/cnes>. Acesso em: 26 abr. 2016.

DRUCKER, P. F. **Terceiro setor**: exercícios de autoavaliação para empresas. São Paulo: Futura, 2001.

DRUCKER, P. F. et al. **The Five Most Important Questions You Will Ever Ask About Your Nonprofit Organization**. San Francisco: Jossey-Bass, 1993.

DUTRA, J. S. **Gestão de pessoas**: modelo, processos, tendências e perspectivas. São Paulo: Atlas, 2002.

FBAH – Federação Brasileira de Administradores Hospitalares. **Código de Ética Profissional do Administrador Hospitalar**. 1995. Disponível em: <http://www.fbah.org.br/institucional.php?cod_inst=2>. Acesso em: 26 abr. 2016.

FBH – Federação Brasileira de Hospitais. **Leitos hospitalares no Brasil**. Disponível em: <http://fbh.com.br/health_indicators/leitos-de-hospitais/>. Acesso em: 17 abr. 2016a.

_____. **O que é saúde suplementar**. Disponível em: <http://fbh.com.br/home-institucional/o-que-e-saude-suplementar/>. Acesso em: 17 abr. 2016b.

FEMIPA – Federação das Santas Casas de Misericórdia e Hospitais Beneficentes do Estado do Paraná. Disponível em: <http://www.femipa.org.br>. Acesso em: 17 abr. 2016.

FINAMOR, A. L. N. et al. **Gestão de pessoas em saúde**. Rio de Janeiro: FGV, 2010.

GHC – Grupo Hospitalar Conceição. **Organograma**. Disponível em: <http://plone.ghc.com.br/acessoainformacao/acesso-a-informacao/institucional/organograma>. Acesso em: 17 abr. 2016.

GIORDANI, A. T. **Humanização da saúde e do cuidado**. São Caetano do Sul: Difusão, 2008.

GONÇALVES, E. L. **Administração de recursos humanos nas instituições de saúde**. São Paulo: Pioneira, 1987.

_____. **O hospital e a visão administrativa contemporânea**. 2. ed. São Paulo: Pioneira, 1989.

_____. Estrutura organizacional do hospital moderno. **RAE – Revista de Administração de Empresas**, São Paulo, v. 38, n. 1, p. 80-90, jan./mar. 1998. Disponível em: <http://rae.fgv.br/sites/rae.fgv.br/files/artigos/10.1590_S0034-75901998000100008.pdf>. Acesso em: 17 abr. 2016.

_____. (Org.) **Gestão hospitalar**: administrando o hospital moderno. São Paulo: Saraiva, 2006.

IRMANDADE DA SANTA CASA DA MISERICÓRDIA DE SANTOS. **História**. Disponível em: <http://www.scms.com.br/index.php/2014-04-07-12-57-00/historia>. Acesso em: 26 abr. 2016.

JUSBRASIL. **Lei Orgânica do Município**. Disponível em: <http://www.jusbrasil.com.br/topicos/296619/lei-organica-do-municipio>. Acesso em: 26 abr. 2016.

KUAZAQUI, E.; LISBOA, T. C.; GAMBOA, M. **Gestão estratégica para a liderança em serviços em empresas privadas e públicas**. São Paulo: Nobel, 2005.

LA FORGIA, G. M.; COUTTOLENC, B. F. **Desempenho hospitalar no Brasil**: em busca da excelência. São Paulo: Singular, 2009.

LEMME, A. C. **Ouvindo e encantando o paciente**. Rio de Janeiro: Qualitymark, 2005.

LISBOA, T. C. **Lavanderia hospitalar**: integração homem-ambiente-função. São Paulo: São Camilo, 1993.

_____. **Lavanderia hospitalar**: reflexões sobre fatores motivacionais. 138p. Tese (Doutorado em Administração) – Universidade Mackenzie, São Paulo, 1998.

LISBOA, T. C.; FERREIRA, R. G. da S.; FERREIRA, D. G. da S. **Hotelaria hospitalar**. Viçosa: CPT, 2008.

MEZZOMO, A. A. (Org.). **Fundamentos da humanização hospitalar**: uma visão multiprofissional. São Paulo: Loyola, 2003.

MIRSHAWKA, V. **Hospital, fui bem atendido!!!** A vez do Brasil. São Paulo: Makron Books, 1994.

MORAES, J.; MARIANO, S. R. H. **Gestão em saúde**: qualidade no atendimento ao paciente para atendentes. São Paulo: AC Farmacêutica, 2013.

NOGUEIRA, C. S. (Org.). **Planejamento estratégico**. São Paulo: Pearson, 2014.

NOGUEIRA, L. C. L. **Gerenciando pela qualidade total na saúde**. 3. ed. Belo Horizonte: Desenvolvimento Gerencial, 2008.

OMS – Organização Mundial da Saúde. **Función de los hospitales en los programas de protección de la salud**: Primer Informe del Comité de Expertos en Organización de la Asistencia Médica. Genebra, 1957. Disponível em: <http://apps.who.int/iris/bitstream/10665/37304/1/WHO_TRS_122_spa.pdf>. Acesso em: 15 ago. 2016.

ONA – Organização Nacional de Acreditação. **O que é acreditação?** Disponível em: <https://www.ona.org.br/Pagina/27/O-que-e-Acreditacao>. Acesso em: 26 abr. 2016.

PAIVA, C. **Cirurgia robótica em urologia e ginecologia.** 2015. Disponível em: <http://drcristianopaiva.com.br/artigos/cirurgia-robotica-em-urologia-e-ginecologia/>. Acesso em: 25 abr. 2016.

PASSARINHO, N. Brasil avança uma posição e é 79º no ranking do desenvolvimento humano. **G1**, 24 jul. 2014. Disponível em: <http://g1.globo.com/mundo/noticia/2014/07/brasil-avanca-uma-posicao-e-e-79-no-ranking-do-desenvolvimento-humano.html>. Acesso em: 17 abr. 2016.

PICCHIAI, D. **Parâmetros e indicadores de dimensionamento de pessoas em hospitais.** 267 f. Pesquisa Acadêmica (Faculdade de Administração) – Universidade Estadual de São Paulo – USP, São Paulo, 2009. Disponível em: <http://gvpesquisa.fgv.br/sites/gvpesquisa.fgv.br/files/publicacoes/RELATORIO1_05_11_2009%20_2_.pdf>. Acesso em: 17 abr. 2016.

PNUD – Programa das Nações Unidas para o Desenvolvimento. **Desenvolvimento humano e IDH.** Disponível em: <http://www.pnud.org.br/IDH/DH.aspx>. Acesso em: 17 abr. 2016.

ROBBINS, S. P. **Administração**: mudanças e perspectivas. São Paulo: Saraiva, 2000.

SALU, E. J. **Administração hospitalar no Brasil.** Barueri: Manole, 2013.

SÃO PAULO (Estado). **Procuradoria Geral do Estado de São Paulo.** Disponível em: <http://www.pge.sp.gov.br/>. Acesso em: 17 abr. 2016.

SEMESP – Sindicato das Entidades Mantenedoras de Estabelecimentos de Ensino Superior no Estado de São Paulo. **Mapa do ensino superior do Estado de São Paulo.** 4. ed. São Paulo, 2014.

SÊNECA, L. A. **Cartas a Lucílio**. Lisboa: Calouste Gulbenkian, 2009.

SERRA, F.; TORRES, M. C. S.; TORRES, A. P. **Administração estratégica**: conceitos, roteiro prático, casos. São Paulo: Reichmann & Affonso Editores, 2003.

SILVA, R. B. et al. **Logística em organizações de saúde**. Rio de Janeiro: FGV, 2010.

SILVA, R. O. **Teorias da administração**. São Paulo: Pioneira Thomson Learning, 2001.

SOUZA, R. R. **O sistema público de saúde brasileiro**. São Paulo: Centro de Sistemas Estratégicos de Gestão, 2002. Disponível em: <http://sistema.saude.sp.gov.br/eventos/Palestras/Material%20 de%20Apoio/Textos%20de%20Referencia/O_Sistema_Publico_ de_Saude_Brasileiro.pdf>. Acesso em: 12 ago. 2016.

SPILLER, E. S. et al. **Gestão dos serviços em saúde**. Rio de Janeiro: FGV, 2009.

TARABOULSI, F. A. **Serviços hospitalares**: compreender para atender e surpreender – teoria e prática. São Paulo: Reichmann & Affonso Editores, 2005.

TEIXEIRA, J. M. de C. Sistemas médicos, técnicos e administrativos do hospital moderno: sua organização. In: GONÇALVES, E. L. (Coord.). **O hospital e a visão administrativa contemporânea**. 2. ed. São Paulo: Pioneira, 1989.

TORRES, S.; LISBOA, T. C. **Gestão de serviços**: limpeza e desinfecção de superfícies e processamento de roupas em serviços de saúde. 4. ed. São Paulo: Sarvier, 2014.

VECINA NETO, G.; MALIK, A. M. **Gestão em saúde**. Rio de Janeiro: Guanabara Koogan, 2011.

VERGARA, S. C. **Gestão de pessoas**. 13. ed. São Paulo: Atlas, 2013.

ZANCHI, M. T.; ZUGNO, P. L. **Sociologia da saúde**. 2. ed. Caxias do Sul: Educs, 2010.

Anexo 1

RESOLUÇÃO NORMATIVA CFA Nº 393, DE 6 DE DEZEMBRO DE 2010

> *Aprova o novo Código de Ética dos Profissionais de Administração (CEPA) e o Regulamento do Processo Ético do Sistema CFA/CRAs, e dá outras providências.*

O **CONSELHO FEDERAL DE ADMINISTRAÇÃO**, no uso da competência que lhe conferem a Lei nº 4.769, de 9 de setembro de 1965, o Regulamento aprovado pelo Decreto nº 61.934, de 22 de dezembro de 1967, e o Regimento do CFA aprovado pela Resolução Normativa CFA nº 392, de 3 de dezembro de 2010,

CONSIDERANDO que o estabelecimento de um Código de Ética para os profissionais da Administração, de forma a regular a conduta moral e profissional e indicar normas que devem inspirar o exercício das atividades profissionais, é matéria de alta relevância para o exercício profissional,

CONSIDERANDO que o Código de Ética dos Profissionais de Administração está expressamente citado na alínea g do artigo 7º da Lei nº 4.769, de 9 de setembro de 1965, e na alínea g do artigo 20 do Decreto nº 61.934, de 22 de dezembro de 1967,

CONSIDERANDO, com fundamento no art. 7º, alínea g, da Lei nº 4.769, já mencionada, que compete aos Conselhos Federal e Regionais de Administração operacionalizar e zelar pela fiel execução do Código de Ética dos Profissionais de Administração; e a

DECISÃO do Plenário na 19ª reunião, realizada no dia 3 de dezembro de 2010,

RESOLVE:

Art. 1º Aprovar o novo **CÓDIGO DE ÉTICA DOS PROFISSIONAIS DE ADMINISTRAÇÃO (CEPA)** e o **REGULAMENTO DO PROCESSO ÉTICO DO SISTEMA CFA/CRAs.**

Art. 2º Esta Resolução Normativa entrará em vigor na data da sua publicação, revogadas as disposições em contrário, especialmente a Resolução Normativa CFA nº 353, de 9 de abril de 2008.

Adm. Roberto Carvalho Cardoso
Presidente
CRA/SP nº 097

CÓDIGO DE ÉTICA DOS PROFISSIONAIS DE ADMINISTRAÇÃO

(Aprovado pela Resolução Normativa CFA nº 393, de 6 de dezembro de 2010)

PREÂMBULO

I – De forma ampla a Ética é definida como a explicitação teórica do fundamento último do agir humano na busca do bem comum e da realização individual.

II – O exercício da atividade dos Profissionais de Administração implica em compromisso moral com o indivíduo, cliente, empregador, organização e com a sociedade, impondo deveres e responsabilidades indelegáveis.

III – O Código de Ética dos Profissionais de Administração (CEPA) é o guia orientador e estimulador de novos comportamentos e está fundamentado em um conceito de ética direcionado para o desenvolvimento, servindo simultaneamente de estímulo e parâmetro para que o Administrador amplie sua capacidade de pensar, visualize seu papel e torne sua ação mais eficaz diante da sociedade.

CAPÍTULO I
DOS DEVERES

Art. 1º São deveres do Profissional de Administração:

I – exercer a profissão com zelo, diligência e honestidade, defendendo os direitos, bens e interesse de clientes, instituições e sociedades sem abdicar de sua dignidade, prerrogativas e independência profissional, atuando como empregado, funcionário público ou profissional liberal;

II – manter sigilo sobre tudo o que souber em função de sua atividade profissional;

III – conservar independência na orientação técnica de serviços e em órgãos que lhe forem confiados;

IV – comunicar ao cliente, sempre com antecedência e por escrito, sobre as circunstâncias de interesse para seus negócios, sugerindo, tanto quanto possível, as melhores soluções e apontando alternativas;

V – informar e orientar o cliente a respeito da situação real da empresa a que serve;

VI – renunciar, demitir-se ou ser dispensado do posto, cargo ou emprego, se, por qualquer forma, tomar conhecimento de que o cliente manifestou desconfiança para com o seu trabalho, hipótese em que deverá solicitar substituto;

VII – evitar declarações públicas sobre os motivos de seu desligamento, desde que do silêncio não lhe resultem prejuízo, desprestígio ou interpretação errônea quanto à sua reputação;

VIII – esclarecer o cliente sobre a função social da organização e a necessidade de preservação do meio ambiente;

IX – manifestar, em tempo hábil e por escrito, a existência de seu impedimento ou incompatibilidade para o exercício da profissão, formulando, em caso de dúvida, consulta ao CRA no qual esteja registrado;

X – aos profissionais envolvidos no processo de formação dos Profissionais de Administração, cumpre informar, orientar e esclarecer sobre os princípios e normas contidas neste Código.

XI – cumprir fiel e integralmente as obrigações e compromissos assumidos, relativos ao exercício profissional;

XII – manter elevados o prestígio e a dignidade da profissão.

CAPÍTULO II
DAS PROIBIÇÕES

Art. 2º É vedado ao Profissional de Administração:

I – anunciar-se com excesso de qualificativos, admitida a indicação de títulos, cargos e especializações;

II – sugerir, solicitar, provocar ou induzir divulgação de textos de publicidade que resultem em propaganda pessoal de seu nome, méritos ou atividades, salvo se em exercício de qualquer cargo ou missão, em nome da classe, da profissão ou de entidades ou órgãos públicos;

III – permitir a utilização de seu nome e de seu registro por qualquer instituição pública ou privada onde não exerça pessoal ou efetivamente função inerente à profissão;

IV – facilitar, por qualquer modo, o exercício da profissão a terceiros, não habilitados ou impedidos;

V – assinar trabalhos ou quaisquer documentos executados por terceiros ou elaborados por leigos alheios à sua orientação, supervisão e fiscalização;

VI – organizar ou manter sociedade profissional sob forma desautorizada por lei;

VII – exercer a profissão quando impedido por decisão administrativa do Sistema CFA/CRAs transitada em julgado;

VIII – afastar-se de suas atividades profissionais, mesmo temporariamente, sem razão fundamentada e sem notificação prévia ao cliente ou empregador;

IX – contribuir para a realização de ato contrário à lei ou destinado a fraudá-la, ou praticar, no exercício da profissão, ato legalmente definido como crime ou contravenção;

X – estabelecer negociação ou entendimento com a parte adversa de seu cliente, sem sua autorização ou conhecimento;

XI – recusar-se à prestação de contas, bens, numerários, que lhes sejam confiados em razão do cargo, emprego, função ou profissão, assim como sonegar, adulterar ou deturpar informações, em proveito próprio, em prejuízo de clientes, de seu empregador ou da sociedade;

XII – revelar sigilo profissional, somente admitido quando resultar em prejuízo ao cliente ou à coletividade, ou por determinação judicial;

XIII – deixar de cumprir, sem justificativa, as normas emanadas dos Conselhos Federal e Regionais de Administração, bem como atender às suas requisições administrativas, intimações ou notificações, no prazo determinado;

XIV – pleitear, para si ou para outrem, emprego, cargo ou função que esteja sendo ocupado por colega, bem como praticar outros atos de concorrência desleal;

XV – obstar ou dificultar as ações fiscalizadoras do Conselho Regional de Administração;

XVI – usar de artifícios ou expedientes enganosos para obtenção de vantagens indevidas, ganhos marginais ou conquista de contratos;

XVII – prejudicar, por meio de atos ou omissões, declarações, ações ou atitudes, colegas de profissão, membros dirigentes ou associados das entidades representativas da categoria.

CAPÍTULO III
DOS DIREITOS

Art. 3º São direitos do Profissional de Administração:

I – exercer a profissão independentemente de questões religiosas, raça, sexo, nacionalidade, cor, idade, condição social ou de qualquer natureza discriminatória;

II – apontar falhas nos regulamentos e normas das instituições, quando as julgar indignas do exercício profissional ou prejudiciais ao cliente, devendo, nesse caso, dirigir-se aos órgãos competentes, em particular ao Tribunal Regional de Ética dos Profissionais de Administração e ao Conselho Regional de Administração;

III – exigir justa remuneração por seu trabalho, a qual corresponderá às responsabilidades assumidas a seu tempo de serviço dedicado, sendo-lhe livre firmar acordos sobre salários, velando, no entanto, pelo seu justo valor;

IV – recusar-se a exercer a profissão em instituição pública ou privada onde as condições de trabalho sejam degradantes à sua pessoa, à profissão e à classe;

V – participar de eventos promovidos pelas entidades de classe, sob suas expensas ou quando subvencionados os custos referentes ao acontecimento;

VI – a competição honesta no mercado de trabalho, a proteção da propriedade intelectual sobre sua criação, o exercício de atividades condizentes com sua capacidade, experiência e especialização.

CAPÍTULO IV
DOS HONORÁRIOS PROFISSIONAIS

Art. 4º Os honorários e salários do Profissional de Administração deverão ser fixados, por escrito, antes do início do trabalho a ser realizado, levando-se em consideração, entre outros, os seguintes elementos:

I – vulto, dificuldade, complexidade, pressão de tempo e relevância dos trabalhos a executar;

II – possibilidade de ficar impedido ou proibido de realizar outros trabalhos paralelos;

III – as vantagens de que, do trabalho, se beneficiará o cliente;

IV – a forma e as condições de reajuste;

V – o fato de se tratar de locomoção na própria cidade ou para outras cidades do Estado ou do País;

VI – sua competência e renome profissional;

VII – a menor ou maior oferta de trabalho no mercado em que estiver competindo;

VIII – obediência às tabelas de honorários que, a qualquer tempo, venham a ser baixadas, pelos respectivos Conselhos Regionais de Administração, como mínimos desejáveis de remuneração.

Art. 5º É vedado ao Profissional de Administração:

I – receber remuneração vil ou extorsiva pela prestação de serviços;

II – deixar de se conduzir com moderação na fixação de seus honorários, devendo considerar as limitações econômico-financeiras do cliente;

III – oferecer ou disputar serviços profissionais, mediante aviltamento de honorários ou em concorrência desleal.

CAPÍTULO V
DOS DEVERES ESPECIAIS EM RELAÇÃO AOS COLEGAS

Art. 6º O Profissional de Administração deverá ter para com seus colegas a consideração, o apreço, o respeito mútuo e a solidariedade que fortaleçam a harmonia e o bom conceito da classe.

Art. 7º Com relação aos colegas, o Profissional de Administração deverá:

I – evitar fazer referências prejudiciais ou de qualquer modo desabonadoras;

II – recusar cargo, emprego ou função, para substituir colega que dele tenha se afastado ou desistido, visando a preservação da dignidade ou os interesses da profissão ou da classe;

III – evitar emitir pronunciamentos desabonadores sobre serviço profissional entregue a colega;

IV – evitar desentendimentos com colegas, usando, sempre que necessário, o órgão de classe para dirimir dúvidas e solucionar pendências;

V – tratar com urbanidade e respeito os colegas representantes dos órgãos de classe, quando no exercício de suas funções, fornecendo informações e facilitando o seu desempenho;

VI – na condição de representante dos órgãos de classe, tratar com respeito e urbanidade os colegas Profissionais de Administração, investidos ou não de cargos nas entidades representativas da categoria, não se valendo dos cargos ou funções ocupados para prejudicar ou denegrir a imagem dos colegas, não os levando à humilhação ou execração;

VII – auxiliar a fiscalização do exercício profissional e zelar pelo cumprimento do CEPA, comunicando, com discrição e fundamentadamente aos órgãos competentes, as infrações de que tiver ciência;

Art. 8º O Profissional de Administração poderá recorrer à arbitragem do Conselho Regional de Administração nos casos de divergência de ordem profissional com colegas, quando for impossível a conciliação de interesses.

CAPÍTULO VI
DOS DEVERES ESPECIAIS EM RELAÇÃO À CLASSE

Art. 9º Ao Profissional de Administração caberá observar as seguintes normas com relação à classe:

I – prestigiar as entidades de classe, propugnando pela defesa da dignidade e dos direitos profissionais, a harmonia e a coesão da categoria;

II – apoiar as iniciativas e os movimentos legítimos de defesa dos interesses da classe, participando efetivamente de seus órgãos representativos, quando solicitado ou eleito;

III – aceitar e desempenhar, com zelo e eficiência, quaisquer cargos ou funções, nas entidades de classe, justificando sua recusa quando, em caso extremo, achar-se impossibilitado de servi-las;

IV – servir-se de posição, cargo ou função que desempenhe nos órgãos de classe, em benefício exclusivo da classe;

V – difundir e aprimorar a Administração como ciência e como profissão;

VI – cumprir com suas obrigações junto às entidades de classe às quais se associou, inclusive no que se refere ao pagamento de contribuições, taxas e emolumentos legalmente estabelecidos;

VII – acatar e respeitar as deliberações dos Conselhos Federal e Regional de Administração.

CAPÍTULO VII
DAS INFRAÇÕES DISCIPLINARES

Art. 10. Constituem infrações disciplinares sujeitas às penalidades previstas no Regulamento do Processo Ético do Sistema CFA/CRAs, aprovado por Resolução Normativa do Conselho Federal de Administração, além das elencadas abaixo, todo ato cometido pelo profissional que atente contra os princípios éticos, descumpra os deveres do ofício, pratique condutas expressamente vedadas ou lese direitos reconhecidos de outrem:

I – praticar atos vedados pelo CEPA;

II – exercer a profissão quando impedido de fazê-lo ou, por qualquer meio, facilitar o seu exercício aos não registrados ou impedidos;

III – não cumprir, no prazo estabelecido, determinação de entidade dos Profissionais de Administração ou autoridade dos Conselhos, em matéria destes, depois de regularmente notificado;

IV – participar de instituição que, tendo por objeto a Administração, não esteja inscrita no Conselho Regional;

V – fazer ou apresentar declaração, documento falso ou adulterado, perante as entidades dos Profissionais de Administração;

VI – tratar outros profissionais ou profissões com desrespeito e descortesia, provocando confrontos desnecessários ou comparações prejudiciais;

VII – prejudicar deliberadamente o trabalho, obra ou imagem de outro Profissional de Administração, ressalvadas as comunicações de irregularidades aos órgãos competentes;

VIII – descumprir voluntária e injustificadamente com os deveres do ofício;

IX – usar de privilégio profissional ou faculdade decorrente de função de forma abusiva, para fins discriminatórios ou para auferir vantagens pessoais;

X–prestar, de má-fé, orientação, proposta, prescrição técnica ou qualquer ato profissional que possa resultar em dano às pessoas, às organizações ou a seus bens patrimoniais.

CAPÍTULO VIII
DAS DISPOSIÇÕES FINAIS

Art. 11. Caberá ao Conselho Federal de Administração, ouvidos os Conselhos Regionais e a categoria dos profissionais de Administração, promover a revisão e a atualização do CEPA, sempre que se fizer necessário.

Art. 12. As regras processuais do processo ético serão disciplinadas em Regulamento próprio, no qual estarão previstas as sanções em razão de infrações cometidas ao CEPA.

Art. 13. O Conselho Federal e os Conselhos Regionais de Administração manterão o Tribunal Superior e os Tribunais Regionais, respectivamente, objetivando o resguardo e aplicação do CEPA.

Art. 14. É dever dos CRAs dar ampla divulgação ao CEPA.

Aprovado na 19ª reunião plenária do CFA,
realizada no dia 3 de dezembro de 2010.
Adm. Roberto Carvalho Cardoso
Presidente
CRA/SP nº 097

Fonte: CFA – Conselho Federal de Administração. Resolução Normativa n. 393, de 6 de dezembro de 2010. **Diário Oficial da União**, Brasília, DF, 8 dez. 2010. Disponível em: <http://www.crars.org.br/arquivos/codigo_etica.pdf>. Acesso em: 26 abr. 2016.

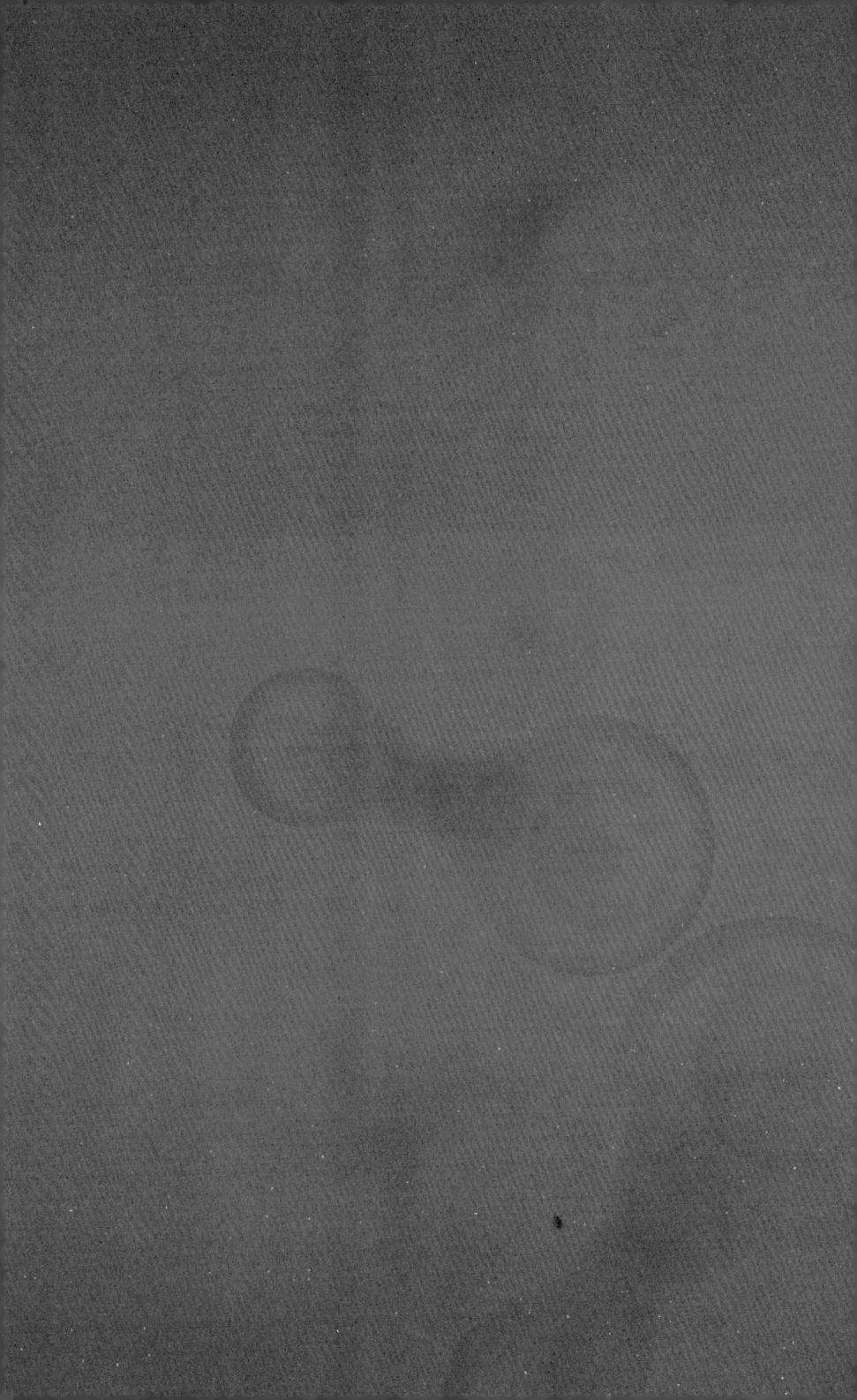

Anexo 2

CÓDIGO DE ÉTICA PROFISSIONAL DO ADMINISTRADOR HOSPITALAR

Aprovado pela Assembleia Geral de Federação Brasileira de Administradores Hospitalares – FBAH e Publicado no Informativo Hospitalar Brasileiro, N.º 4, do mês de Julho de 1995.

Art. 1 – O Administrador Hospitalar adote o seu código de ética como uma carta magma que norteia a sua vida e seu comportamento profissional é fundamenta a tomada de suas decisões [sic].

Art. 2 – O Administrador Hospitalar tem plena consciência de estar dentro de uma instituição complexa e coordenando atividades pluriprofissionais, em função da pessoa humana que procura manter ou restabelecer sua saúde.

Art. 3 – O Administrador Hospitalar será consciente de que o bom desempenho na sua profissão requer formação específica e muito aprimorada.

Art. 4 – O Administrador Hospitalar tem também formação cultural e humanista que lhe permite acompanhar o progresso da Administração Hospitalar, além da ciência, técnica e arte, devendo tomar parte ativa em estudos, organizações e promoções específicas, que visam aprimorá-las constantemente.

Art. 5 – O Administrador Hospitalar tem personalidade capaz de administrar a instituição hospitalar com segurança e serenidade, mesmo nas circunstâncias mais delicadas.

Art. 6 – O Administrador Hospitalar compenetra-se da necessidade de sua profissão e tem sempre como lema a grande missão que lhe é confiada, de servir.

Art. 7 – O Administrador Hospitalar tem fé na sua missão, autoridade para coordenar os que trabalham na instituição, espírito de decisão e iniciativa, disciplina e energia realizadora para levar o hospital a uma constante renovação, aprimorando sempre mais o seu desempenho.

Art. 8 – O Administrador Hospitalar não se deixa guiar por sentimentos ou vantagens pessoais e, sim, tem calma e domínio de si ao tomar decisão.

Art. 9 – O Administrador Hospitalar tem sempre presente que uma boa administração pode salvar vidas e prolongar existências, além de levar as instituições a otimizarem todas as suas possibilidades.

Art. 10 – O Administrador Hospitalar dedica-se a uma vida de trabalho desinteressante para fazer de sua carreira de administrador hospitalar um sucesso, pois é um privilegio sagrado lidar com o mais precioso bem do homem, a saúde.

Art. 11 – O Administrador Hospitalar considera o cargo que ocupa, primordialmente como um compromisso de serviço ao paciente, aos profissionais e servidores da instituição e à comunidade.

Art. 12 – O Administrador Hospitalar provê o hospital dos meios humanos e materiais necessários, para que o mesmo possa atingir seus objetivos de prevenir a doença, promover a saúde e desenvolver o ensino e a pesquisa.

Art. 13 – O Administrador Hospitalar testemunha respeito a todas as formas de manifestação da vida e empenha-se em preservá-la, mantê-la e desenvolvê-la, até o limite das suas possibilidades, repudiando tudo quanto possa agredi-la ou diminuir sua plena expressão.

Art. 14 – O Administrador Hospitalar implanta uma documentação completa e coordenada de todas as atividades desenvolvidas no hospital, favorecendo o estudo e a defesa do hospital, dos pacientes e de quantos nele trabalham.

Art. 15 – O Administrador Hospitalar zela com absoluto rigor pela preservação do sigilo profissional em todas as circunstâncias.

Art. 16 – O Administrador Hospitalar pauta a sua administração pelo princípio de que a pessoa humana é o fundamento, o sujeito e o fim de toda instituição assistencial e, quando enferma, o centro e a razão de ser de toda atividade de saúde e hospitalar.

Art. 17 – O Administrador Hospitalar possibilita aos pacientes usufruir todos os direitos fundamentais da pessoa humana, tanto materiais quanto sociais e espirituais.

Art. 18 – O Administrador Hospitalar não permite a transgressão dos princípios legais, éticos e morais, exigindo de cada profissional o cumprimento rigoroso do Código de Ética da sua profissão.

Art. 19 – O Administrador Hospitalar tem consciência de que os recursos humanos são o principal e verdadeiro patrimônio do hospital e aplica uma política de recursos humanos que possibilite, de forma integrada, o desenvolvimento de todas as potencialidades de seus servidores.

Art. 20 – O Administrador Hospitalar promove o bom relacionamento entre os servidores de todas as unidades do hospital e de todas as categorias profissionais, destacando a importância das respectivas atividades.

Art. 21 – O Administrador Hospitalar estimula os aprimoramentos humano, cultural e técnico dos que trabalham no hospital.

Art. 22 – O Administrador Hospitalar promove o ensino e as pesquisas em todas as áreas das atividades hospitalares, através da educação continuada, palestras, cursos, participação em simpósios, congressos e demais formas de aprendizagem.

Art. 23 – O Administrador Hospitalar implanta todos os instrumentos de administração e mantém uma organização correta em todas as unidades do hospital para favorecer a admissão e o aprendizado de estagiários das profissões da saúde.

Art. 24 – O Administrador Hospitalar institui no hospital um centro de Estudos para estimular o ensino, a pesquisa, as publicações e demais possibilidades de desenvolvimento profissional dos que trabalham no mesmo.

Art. 25 – O Administrador Hospitalar zela para que o corpo clínico do hospital seja organizado e aberto, concedendo-lhe os meios necessários ao desempenho eficiente de suas funções.

Art. 26 – O Administrador Hospitalar empenha esforços para tornar o hospital um verdadeiro centro de saúde da comunidade, integrando-o aos demais serviços de saúde.

Art. 27 – O Administrador Hospitalar participa expressivamente das atividades da comunidade e dos programas dos órgãos de classe da sua profissão e do hospital.

Art. 28 – O Administrador Hospitalar mantém a comunidade informada sobre os recursos e as limitações do hospital, a fim de promover o bom nome perante o público.

Art. 29 – O Administrador Hospitalar adota uma administração participativa, para que os profissionais e servidores possam dar sua contribuição nos programas que são implantados e apreciar o desempenho do hospital como um todo e de cada unidade administrativa.

Art. 30 – O Administrador Hospitalar aplica instrumentos adequados para mensurar o padrão de atendimento do hospital, com vistas ao seu constante aprimoramento.

Art. 31 – O Administrador Hospitalar levanta, em períodos muito curtos, a maior quantidade possível de informações das atividades do hospital, para que possa tomar corretamente decisões, projetar resultados e prevenir dificuldades.

Art. 32 – O Administrador Hospitalar é sempre leal e sincero com seus superiores hierárquicos, mantendo-os informados do que ocorre no hospital e relevando com absoluta transparência os comportamentos sobre os quais está assentada toda a dinâmica hospitalar na área social, assistencial, humana e econômica.

Art. 33 – O Administrador Hospitalar desempenha sempre suas tarefas com acerto, rapidez e eficácia.

Fonte: FBAH – Federação Brasileira de Administradores Hospitalares.
Código de Ética Profissional do Administrador Hospitalar. 1995.
Disponível em: <http://www.fbah.org.br/institucional.php?cod_inst=2>.
Acesso em: 26 abr. 2016.

Anexo 3

CONSTITUIÇÃO FEDERAL (ARTIGOS 196 A 200)

Seção II
DA SAÚDE

Art. 196. A saúde é direito de todos e dever do Estado, garantido mediante políticas sociais e econômicas que visem à redução do risco de doença e de outros agravos e ao acesso universal e igualitário às ações e serviços para sua promoção, proteção e recuperação.

Art. 197. São de relevância pública as ações e serviços de saúde, cabendo ao Poder Público dispor, nos termos da lei, sobre sua regulamentação, fiscalização e controle, devendo sua execução ser feita diretamente ou através de terceiros e, também, por pessoa física ou jurídica de direito privado.

Art. 198. As ações e serviços públicos de saúde integram uma rede regionalizada e hierarquizada e constituem um sistema único, organizado de acordo com as seguintes diretrizes:

I – descentralização, com direção única em cada esfera de governo;

II – atendimento integral, com prioridade para as atividades preventivas, sem prejuízo dos serviços assistenciais;

III – participação da comunidade.

§ 1º O sistema único de saúde será financiado, nos termos do art. 195, com recursos do orçamento da seguridade social, da União, dos Estados, do Distrito Federal e dos Municípios, além de outras fontes. (Parágrafo único renumerado para § 1º pela Emenda Constitucional nº 29, de 2000).

§ 2º A União, os Estados, o Distrito Federal e os Municípios aplicarão, anualmente, em ações e serviços públicos de saúde recursos mínimos derivados da aplicação de percentuais calculados sobre: (Incluído pela Emenda Constitucional nº 29, de 2000).

I – no caso da União, a receita corrente líquida do respectivo exercício financeiro, não podendo ser inferior a 15% (quinze por cento); (Redação dada pela Emenda Constitucional nº 86, de 2015)

II – no caso dos Estados e do Distrito Federal, o produto da arrecadação dos impostos a que se refere o art. 155 e dos recursos de que tratam os arts. 157 e 159, inciso I, alínea a, e inciso II, deduzidas as parcelas que forem transferidas aos respectivos Municípios; (Incluído pela Emenda Constitucional nº 29, de 2000).

III – no caso dos Municípios e do Distrito Federal, o produto da arrecadação dos impostos a que se refere o art. 156 e dos recursos de que tratam os arts. 158 e 159, inciso I, alínea b e § 3º (Incluído pela Emenda Constitucional nº 29, de 2000).

§ 3º Lei complementar, que será reavaliada pelo menos a cada cinco anos, estabelecerá: (Incluído pela Emenda Constitucional nº 29, de 2000).

I – os percentuais de que tratam os incisos I e III do § 2º; (Incluído pela Emenda Constitucional nº 29, de 2000).

II – os critérios de rateio dos recursos da União vinculados à saúde destinados aos Estados, ao Distrito Federal e aos Municípios, e dos Estados destinados a seus respectivos Municípios, objetivando a progressiva redução das disparidades regionais; (Incluído pela Emenda Constitucional nº 29, de 2000).

III – as normas de fiscalização, avaliação e controle das despesas com saúde nas esferas federal, estadual, distrital e municipal (Incluído pela Emenda Constitucional nº 29, de 2000);

§ 4º Os gestores locais do sistema único de saúde poderão admitir agentes comunitários de saúde e agentes de combate às endemias por meio de processo seletivo público, de acordo com a natureza e complexidade de suas atribuições e requisitos específicos para sua atuação. (Incluído pela Emenda Constitucional nº 51, de 2006).

§ 5º Lei federal disporá sobre o regime jurídico, o piso salarial profissional nacional, as diretrizes para os Planos de Carreira e a regulamentação das atividades de agente comunitário de saúde e agente de combate às endemias, competindo à União, nos termos da lei, prestar assistência financeira complementar aos Estados, ao Distrito Federal e aos Municípios, para o cumprimento do referido piso salarial. (Redação dada pela Emenda Constitucional nº 63, de 2010) Regulamento

§ 6º Além das hipóteses previstas no § 1º do art. 41 e no § 4º do art. 169 da Constituição Federal, o servidor que exerça funções equivalentes às de agente comunitário de saúde ou de agente de combate às endemias poderá perder o cargo em caso de descumprimento dos requisitos específicos, fixados em lei, para o seu exercício. (Incluído pela Emenda Constitucional nº 51, de 2006).

Art. 199. A assistência à saúde é livre à iniciativa privada.

§ 1º As instituições privadas poderão participar de forma complementar do sistema único de saúde, segundo diretrizes deste, mediante contrato de direito público ou convênio, tendo preferência as entidades filantrópicas e as sem fins lucrativos.

§ 2º É vedada a destinação de recursos públicos para auxílios ou subvenções às instituições privadas com fins lucrativos.

§ 3º É vedada a participação direta ou indireta de empresas ou capitais estrangeiros na assistência à saúde no País, salvo nos casos previstos em lei.

§ 4º A lei disporá sobre as condições e os requisitos que facilitem a remoção de órgãos, tecidos e substâncias humanas para fins de transplante, pesquisa e tratamento, bem como a coleta, processamento e transfusão de sangue e seus derivados, sendo vedado todo tipo de comercialização.

Art. 200. Ao sistema único de saúde compete, além de outras atribuições, nos termos da lei:

I – controlar e fiscalizar procedimentos, produtos e substâncias de interesse para a saúde e participar da produção de medicamentos, equipamentos, imunobiológicos, hemoderivados e outros insumos;

II – executar as ações de vigilância sanitária e epidemiológica, bem como as de saúde do trabalhador;

III – ordenar a formação de recursos humanos na área de saúde;

IV – participar da formulação da política e da execução das ações de saneamento básico;

V – incrementar, em sua área de atuação, o desenvolvimento científico e tecnológico e a inovação; (Redação dada pela emenda constitucional nº 85, de 2015);

VI – fiscalizar e inspecionar alimentos, compreendido o controle de seu teor nutricional, bem como bebidas e águas para consumo humano;

VII – participar do controle e fiscalização da produção, transporte, guarda e utilização de substâncias e produtos psicoativos, tóxicos e radioativos;

VIII – colaborar na proteção do meio ambiente, nele compreendido o do trabalho.

Fonte: BRASIL. Constituição (1988). **Diário Oficial da União**, Brasília, DF, 5 out. 1988. Disponível em: <http://www.planalto.gov.br/ccivil_03/Constituicao/Constituicao.htm>. Acesso em: 26 abr. 2016.

Anexo 4

Portaria n. 761, de 8 de julho de 2013

Estabelece normas para o cadastramento no Sistema de Cadastro Nacional de Estabelecimentos de Saúde (SCNES).

O Secretário de Atenção à Saúde, no uso de suas atribuições,

Considerando a Portaria nº 963/GM/MS, de 27 de maio de 2013, que institui a Atenção Domiciliar no Sistema Único de Saúde (SUS); e

Considerando a necessidade de adequar o Sistema de Cadastro Nacional de Estabelecimentos de Saúde (SCNES) à nova política instituída pelo Ministério da Saúde, resolve:

Art. 1º Ficam estabelecidas normas para o cadastramento no Sistema de Cadastro Nacional de Estabelecimentos de Saúde (SCNES), de estabelecimentos e equipes que farão parte da Atenção Domiciliar no Sistema Único de Saúde (SUS), constante do Anexo I desta Portaria.

Art. 2º Ficam atualizados na Tabela de Tipo de Equipes do Sistema de Cadastro Nacional de Estabelecimentos de Saúde (SCNES), os tipos de equipes, conforme Tabela a seguir:

Código	Descrição da equipe
22	Equipe Multidisciplinar de Atenção Domiciliar Tipo 1 (EMAD tipo 1)
23	Equipe Multidisciplinar de Apoio (EMAP)
46	Equipe Multidisciplinar de Atenção Domiciliar Tipo 2 (EMAD tipo 2)
47	Equipe de Cuidados Domiciliares

§ 2º A composição das equipes e as regras de cadastramento das equipes descritas no § 1º estão descritas no Anexo I desta Portaria.

Art. 3º Ficam incluídas na Tabela de Serviço/Classificação do SCNES, no serviço 113 SERVIÇO DE ATENÇÃO DOMICILIAR, as Classificações e compatibilidades com a Classificação Brasileira de Ocupações (CBO), conforme descrito no Anexo II desta Portaria.

Parágrafo único. Os estabelecimentos que tiverem equipes tipos 22 EMAD TIPO 1 e 46 EMAD TIPO 2, deverão informar, obrigatoriamente, a classificação 003 EQUIPE MULTIDISCIPLINAR DE ATENÇÃO DOMICILIAR.

Art. 4º O cadastramento das equipes de Atenção Domiciliar poderão ser realizadas de forma contínua por qualquer Gestor de Saúde, no âmbito federal, estadual ou municipal.

Art. 5º Os recursos de custeio, segundo a Portaria nº 1.026 GM/MS, de 3 de junho de 2013, serão repassados somente aos Municípios e Estados cujos estabelecimentos de saúde estão habilitados em Portaria específica, com código 13.02, descrição SERVIÇO DE ATENÇÃO DOMICILIAR.

§ 1º O cadastramento no Sistema de Cadastro Nacional de Estabelecimentos de Saúde (SCNES), da habilitação de que trata o caput deste artigo, ocorrerá subsequentemente à publicação de Portaria Ministerial.

§ 2º As equipes do tipo 47–EQUIPE DE CUIDADOS DOMICILIARES poderão ser cadastradas no SCNES, porém não farão jus a recurso mensal de custeio específico.

Art. 6º O cadastro das equipes definidas no art. 2º desta Portaria, deverá ser efetuado com base na Ficha de Cadastro de Estabelecimentos de Saúde (FCES) nº 25 – Cadastro de Equipes, conforme orientação de preenchimento constante no Anexo I desta Portaria.

Parágrafo único. Os formulários da Ficha de Cadastro de Estabelecimentos de Saúde (FCES) serão disponibilizados no sítio eletrônico do CNES http://cnes.datasus.gov.br.

Art. 7º Caberá à Secretaria de Atenção à Saúde (SAS/MS), por meio da Coordenação-Geral de Sistemas de Informação do Departamento de Regulação, Avaliação e Controle do Ministério da Saúde (CGSI/DRAC/SAS/MS), providenciar junto ao Departamento de Informática do Sistema Único de Saúde (DATASUS/SGEP/MS) para que sejam efetivadas as adequações no SCNES, definidas nesta Portaria.

Art. 8º Esta Portaria entra em vigor na data de sua publicação, com efeitos operacionais para a competência posterior a da publicação.

HELVÉCIO MIRANDA MAGALHÃES JÚNIOR

Fonte: BRASIL. Ministério da Saúde. Secretaria de Assistência à Saúde. Portaria n. 761, de 8 de julho de 2013. **Diário Oficial da União**, Brasília, DF, 8 jul. 2013. Disponível em: <http://bvsms.saude.gov.br/bvs/saudelegis/sas/2013/prt0761_08_07_2013.html>. Acesso em: 26 abr. 2016.

Anexo 5

Cadastro Nacional de Estabelecimentos de Saúde

INSTRUÇÕES DE PREENCHIMENTO – Ficha nº 20 – Cadastro de Profissional

SUS	FICHA CADASTRAL DE ESTABELECIMENTO DE SAÚDE Cadastro de Profissional	Ficha nº 20

1 – DADOS OPERACIONAIS/ 2 – IDENTIFICAÇÃO

1 - DADOS OPERACIONAIS → INCLUSÃO ☐   ALTERAÇÃO ☐   EXCLUSÃO ☐
2 - IDENTIFICAÇÃO
2.1 - CNES
2.8 - Nome Fantasia do Estabelecimento

1 – DADOS OPERACIONAIS:

<u>Dados Operacionais</u> → Marcar com um X o quadro ao qual se refere a ação sinalizada.

Esta informação se repete em praticamente todas as folhas de Cadastro e com <u>exceção</u> da folha referente ao cadastro de profissional, onde as opções Inclusão, Alteração e Exclusão se referem a ele, enquanto nas demais se refere ao estabelecimento e <u>não pode ser entregue em branco</u>.

<u>Inclusão</u> → quando a folha se referir ao cadastro de um novo estabelecimento.

Neste caso o campo 2.1 – CNES deverá ser mantido em branco, pois não existe ainda código para aquele estabelecimento.

Alteração → quando a folha se referir a alteração, acréscimo ou subtração de informações de um estabelecimento já cadastrado.

Neste caso os campos 2.1 – CNES e 2.8 – Nome Fantasia do Estabelecimento deverão ser preenchidos com o código do estabelecimento.

Exclusão → quando a folha se referir a exclusão de um estabelecimento já cadastrado, quer seja por fechamento, dissolução ou motivo similar.

Neste caso, os campos 2.1 – CNES e 2.8 – Nome Fantasia do Estabelecimento deverão ser preenchidos com o código do estabelecimento.

2 – IDENTIFICAÇÃO:

2.1 – CNES → Este campo deverá ser mantido em branco nos casos de inclusão de um estabelecimento. Nos casos de alteração ou exclusão, seu preenchimento é obrigatório.

O número CNES de um estabelecimento será obtido somente após a digitação de seus dados com sucesso gerado na sua consistência e envio ao Ministério da Saúde.

2.8 – Nome Fantasia do Estabelecimento → Deve ser preenchido com o nome pelo qual o estabelecimento é conhecido. Caso se trate de pessoa física, o nome do profissional será também utilizado como Nome Fantasia.

34 – DADOS DO PROFISSIONAL:

| CADASTRAMENTO | SUS ☐ | NÃO SUS ☐ |

Cadastramento SUS/ NÃO SUS → Em primeiro lugar, nesta folha deve ser identificado assinalando com um X, se o profissional atende ou não ao SUS, NESTE ESTABELECIMENTO. (Para que o profissional atenda pacientes pelo SUS no local, é necessário que exista um contrato ou convênio entre o referido estabelecimento e o SUS).

Caso o profissional figure como terceiro de estabelecimento que possua contrato com o SUS, tais como outros hospitais, não deve constar como SUS, pois é um acordo entre instituições.

Para o preenchimento dos dados seguintes, são importantes algumas considerações:

→ O preenchimento adequado dos campos proporciona a geração do Nº do Cartão Nacional de Saúde (CNS), o qual é individual e não deve ser confundido com o Nº do Cadastro Nacional de Estabelecimentos de Saúde (CNES), mas apenas para os profissionais que atuam pelo SUS;

→ Para todos os profissionais, tanto aqueles que prestam atendimento pelo SUS nos estabelecimentos, como também aqueles que não têm contrato e/ou convênio SUS, deverá ser preenchida a ficha completa, sendo possível a não informação apenas dos seguintes campos: PIS/PASEP, Número de CNS, Dados de Certidão (caso preencha os dados completos do RG), Dados de RG (caso preencha os dados completos de alguma Certidão – Nascimento, Casamento ou Divórcio), Informações do Título de Eleitor, Dados da CTPS – Carteira de Trabalho e Previdência Social e os Bancários.

→ É obrigatório preenchimento dos seguintes campos:

- Nome do Profissional (Completo e sem abreviaturas);
- CPF (CIC);
- Sexo;
- Nome da Mãe;
- Data de Nascimento;
- Dados completos de Identidade (R.G.), ou seja, Número, UF, Órgão Emissor e Data de Emissão ou os dados completos de uma Certidão (Nascimento, Casamento ou Divórcio), com Tipo, Nome do Cartório, Livro, Folhas, Termo e Data de Emissão;
- Nacionalidade;
- Escolaridade;
- Endereço;
- UF do Conselho de Classe (Unidade da Federação);
- Registro no Conselho de Classe (N° de Inscrição no Conselho);
- Órgão Emissor (do Registro de Classe acima referido);
- Vinculação (Vínculo do Profissional com o estabelecimento em questão, com Tipo e Subtipo – pode haver mais de um tipo de vínculo com o mesmo estabelecimento, devendo ser feita mais de uma vinculação ao estabelecimento neste caso);
- Carga Horária (apenas a que se refere ao estabelecimento em questão, em horas semanais);
- Especialidade (CBO – Código Brasileiro de Ocupações e Descrição – pode o profissional atuar em mais de uma especialidade no estabelecimento, dividindo as cargas horárias na informação de vinculação);
- Data de Entrada – data em que o profissional iniciou suas atividades no estabelecimento em questão.

34.1 – Dados de Identificação:

- 34.1 - Dados de Identificação
  - 34.1.1 - Nome do Profissional
  - 34.1.2 - PIS/PASEP
  - 34.1.3 - CPF
  - 34.1.4 - Número CNS
  - 34.1.5 - Sexo ☐M ☐F
  - 34.1.6 - Data de atribuição do CNS
  - 34.1.7 - Nome da mãe
  - 34.1.8 - Nome do pai
  - 34.1.9 - Data de Nascimento do Profissional
  - 34.1.10 - Município de Nascimento
  - 34.1.11 - Código IBGE do município
  - 34.1.12 - UF
  - 34.1.13 - Raça/cor
  - 34.1.14 - Certidão/Tipo
  - 34.1.15 - Nome do Cartório
  - 34.1.16 - Livro
  - 34.1.17 - Fls
  - 34.1.18 - Termo
  - 34.1.19 - Data de Emissão
  - 34.1.20 - N° de Identidade
  - 34.1.21 - UF
  - 34.1.22 - Órgão emissor
  - 34.1.23 - Data de Emissão
  - 34.1.24 - Nacionalidade ☐ Brasileiro ☐ Estrangeiro
  - 34.1.25 - País de origem (nascimento)
  - 34.1.26 - Data de Entrada
  - 34.1.27 - Data de Naturalização
  - 34.1.28 - N° da Portaria
  - 34.1.29 - N° Título de Eleitor
  - 34.1.30 - Zona
  - 34.1.31 - Seção
  - 34.1.31 - CTPS número
  - 34.1.32 - Série
  - 34.1.33 - UF
  - 34.1.34 - Data de Emissão
  - 34.1.35 - Escolaridade*
  - 34.1.36 - Sit. Familiar/Conjugal
  - 34.1.37 - E-mail
  - 34.1.38 - Frequenta Escola? ☐ Sim ☐ Não

34.1.1 – Nome do Profissional → <u>Nome Completo por extenso, não Abreviar.</u>

Caso o nome tenha mais que 70 caracteres, abreviar o suficiente para que caiba nas 70 posições do campo no formulário. Evitar abreviar o primeiro, o segundo e o último nome.

<u>Campo de preenchimento obrigatório para todos os profissionais.</u>

34.1.2 – PIS/ PASEP → Número do cadastro do trabalhador privado no PIS (Programa de Integração Social) ou público no PASEP (Programa de Formação do Patrimônio do Servidor Público) não separando o dígito verificador – ex.: 12345678911.

34.1.3 – CPF → Número do CPF (Cadastro de Pessoas Físicas da Receita Federal), não separando o dígito verificador com hífen.– ex.: 12345678911.

Campo de preenchimento obrigatório para todos os profissionais.

34.1.4 – Código CNS → Código do Cartão Nacional de Saúde – Preencher com o número de 15 dígitos existente na face do Cartão Nacional de Saúde, caso o profissional já o possua. Os profissionais que ainda não possuem este código devem manter em branco este campo.

ATENÇÃO:

O NÚMERO DO CNS É DO PROFISSIONAL, ENQUANTO O NÚMERO DO CNES É DO ESTABELECIMENTO.

Cada profissional terá o seu número de CNS – o Cartão Nacional de Saúde será gerado para todos os profissionais desde que todos os dados obrigatórios para seu cadastramento estejam preenchidos.

Cada profissional poderá trabalhar sob diversos números de CNES – Cadastro Nacional de Estabelecimento de Saúde, uma vez que este número se refere ao estabelecimento onde o mesmo realiza cada procedimento. Desta forma, um profissional que atue em 2 hospitais, 1 consultório próprio, no ambulatório de uma empresa e em uma clínica juntamente com outros profissionais estará utilizando o CNES de cada um deles, sendo assim estará vinculado a 5 diferentes números de CNES.

Estes vínculos devem seguir as determinações legais, sendo assim:

- apenas os profissionais médicos por força de lei podem possuir até dois vínculos públicos;
- a carga horária máxima para a área pública é de 64 horas;
- os profissionais que atuam em equipes saúde da família, apenas poderão ter mais dois vínculos, entre as áreas pública e privada, sempre respeitando o limite semanal de no máximo 24 horas.

Existe ainda um limite de 5 vínculos profissionais para cada profissional. A partir do 5º vínculo (inclusive o 5º), deverá ser feita justificativa da atuação em cada um deles, que pode ser feita em folha anexa as demais fichas do profissional, ou no verso da ficha 21, assinada pelo profissional.

Quando solicitado por uma operadora o número de CNES do profissional, esta quer saber em qual (quais) número de CNES (estabelecimentos) ele possui contrato com a operadora para atendimento dos usuários de seus planos.

34.1.5 – Sexo → Assinalar na quadrícula correspondente ao sexo do profissional. Campo de preenchimento obrigatório para todos os profissionais.

34.1.6 – Data de Atribuição do CNS → Campo de uso do sistema, deverá ser mantido sem preenchimento.

34.1.7 – Nome da Mãe → Nome Completo da Mãe do profissional por extenso. Não Abreviar.

Caso o nome tenha mais que 70 caracteres, abreviar o suficiente para que caiba nas 70 posições do campo no formulário. Evitar abreviar o primeiro, o segundo e o último nome.

Campo de preenchimento obrigatório para todos os profissionais.

34.1.8 – Nome do Pai → Nome Completo do pai do profissional por extenso. Não Abreviar.

Caso o nome tenha mais que 70 caracteres, abreviar o suficiente para que caiba nas 70 posições do campo no formulário. Evitar abreviar o primeiro, o segundo e o último nome.

34.1.9 – Data de Nascimento do Profissional → Data de nascimento do profissional observando o formato DDMMAAAA – dia e mês com 2 (dois) dígitos e ano com 4 (quatro) dígitos.

Campo de preenchimento obrigatório para todos os profissionais.

34.1.10 – Município de Nascimento → Nome do município de nascimento do profissional.

Campo de preenchimento obrigatório para profissionais que atendem pelo SUS.

34.1.11 – Código IBGE do Município → Preencher com o código do IBGE do município.

Campo numérico e obrigatório para profissionais que atendem pelo SUS.

Deve ser usada a mesma tabela de municípios utilizada para o Cadastro Nacional de Usuários e Domicílios. Pode ser enviado apenas o nome do município e a unidade da federação, mas caso o mesmo não conste na base do sistema, será devolvido para correção.

34.1.12 – UF → Sigla da Unidade Federativa do município de nascimento do profissional.

Campo numérico e obrigatório para profissionais que atendem pelo SUS.

34.1.13 – Raça/ Cor → Preencher com o código representativo da raça/cor do profissional, conforme a listagem abaixo:

Código	Descrição
01	Branca
02	Preta
03	Parda
04	Amarela
05	Indígena
99	Sem Informação

34.1.14 – Certidão/ Tipo → Os dados a seguir, relativos a certidões, são complementares. Preencher com o código que indique o tipo de certidão apresentada, conforme especificado na listagem abaixo:

Código	Descrição
91	Certidão de Nascimento
92	Certidão de Casamento
93	Certidão de Separação/ Divórcio
94	Certidões de Separação Judicial

Este campo terá o seu preenchimento caracterizado como obrigatório somente se o campo 34.1.20 – Nº Identidade não estiver preenchido, assim como os campos seguintes que derivam do mesmo (até o 34.1.23).

34.1.15 – Nome do Cartório → Nome do cartório que emitiu a referida certidão. Obrigatoriedade quando informado o tipo de Certidão em lugar da Identidade.

34.1.16 – Livro → Número do livro em que foi registrada a certidão naquele cartório. Obrigatoriedade quando informado o tipo de Certidão em lugar da Identidade.

34.1.17 – Folhas → Número da folha do livro em que foi registrada a certidão naquele cartório. Obrigatoriedade quando informado o tipo de Certidão em lugar da Identidade.

34.1.18 – Termo → Código do termo do livro em que foi registrada a certidão naquele cartório. Obrigatoriedade quando informado o tipo de Certidão em lugar da Identidade.

34.1.19 – Data de Emissão → Data em que a certidão foi emitida pelo cartório. Observar o formato DDMMAAAA – dia e mês com 2 (dois) dígitos e ano com 4 (quatro) dígitos. Obrigatoriedade relativa.

34.1.20 – Número da Identidade → Número do documento de identidade do profissional. Pode conter letras, usadas em alguns estados.

Este campo terá seu preenchimento caracterizado como obrigatório somente se o campo 34.1.14 Certidão – Tipo não for previamente preenchido, assim como os campos que dele derivam (até 34.1.23).

31.1.21 – UF → Sigla da Unidade Federativa onde foi emitido o documento de identidade.

Campo obrigatório se informado o campo Nº de Identidade.

34.1.22 – Número do Órgão Emissor → Preencher com o código que indique o tipo de órgão emissor do documento de identidade conforme especifica a listagem de Órgão Emissor, apresentada abaixo:

10 – SSP – Secretaria de Segurança Pública
15 – Conselho Regional de Biomedicina
17 – Conselho Regional de Fonoaudiologia
18 – Conselho Regional de Biologia
19 – Conselho Regional de Educação Física
20 – Conselho Regional de Economia
22 – Conselho Regional de Física
23 – Conselho Regional de Radiologia
24 – Conselho Regional de Pedagogia
25 – Conselho Regional de Ópticos
26 – Conselho Regional de Técnicos de Radiologia
40 – Organismos Militares
41 – Comando da Aeronáutica (Ex Ministério da Aeronáutica)
42 – Comando do Exército (Ex Ministério do Exército)
43 – Comando da Marinha (Ex Ministério da Marinha)
44 – Polícia Federal
60 – Carteira de Identidade Classista
61 – Conselho Regional de Administração
62 – Conselho Regional de Assistência Social
63 – Conselho Regional de Biblioteconomia
64 – Conselho Regional de Contabilidade
65 – Conselho Regional de Corretores Imóveis
66 – Conselho Regional de Enfermagem
67 – Conselho Regional de Engenharia, Arquitetura e Agronomia
68 – Conselho Regional de Estatística
69 – Conselho Regional de Farmácia

70 – Conselho Regional de Fisioterapia e Terapia Ocupacional
71 – Conselho Regional de Medicina
72 – Conselho Regional de Medicina Veterinária
73 – Ordem dos Músicos do Brasil
74 – Conselho Regional de Nutrição
75 – Conselho Regional de Odontologia
76 – Conselho Regional de Profissionais de Relações Públicas
77 – Conselho Regional de Psicologia
78 – Conselho Regional de Química
79 – Conselho Regional de Representantes Comerciais
80 – Ordem dos Advogados do Brasil
81 – Outros Emissores
82 – Documento Estrangeiro

34.1.23 – Data de Emissão → Data em que o documento de identidade foi emitido. Observar o formato DDMMAAAA, dia e mês com 2 (dois) dígitos e ano com 4 (quatro) dígitos.

Campo obrigatório se informado o campo N° de Identidade.
[...]

Fonte: CNES – Cadastro Nacional de Estabelecimentos de Saúde.
Instruções de preenchimento: Ficha n° 20 – Cadastro de Profissional.
Disponível em: <http://www.uberaba.mg.gov.br/portal/acervo//saude/arquivos/cnes/CNES%20-%20manuais%202/Manual_preench_ficha_20.pdf>. Acesso em: 26 abr. 2016.

Respostas

Capítulo 1

Questões para revisão

1. A estrutura hospitalar de um hospital privado pode ser determinada com base na estratégia adotada, conforme indicado no quadro a seguir:

Estratégia	Melhor opção estrutural
Inovação	Orgânica: estrutura solta, baixa especialização, pouca formalização e descentralização.
Minimização de custos	Mecanicista: controle rígido; alta especialização do trabalho, muita formalização, bastante centralização.
Imitação	Mecanicista e orgânica: controles rígidos sobre atividades correntes.

2. A eficiência e o aumento da flexibilidade são obtidos pela avaliação de desempenho, pelo dimensionamento correto de seu pessoal e, também, pelos programas de motivação e de benefícios.
3. d
4. b
5. a

Capítulo 2

Questões para revisão

1. Os fatores que interferem são: o segmento de atendimento (especialidade); a complexidade; emergências, urgências e epidemias. O dimensionamento é realizado pelo número de leitos, urgências e emergências, plantões, rotatividade. No serviço público, consideram-se, também, falecimentos e aposentadorias.
2. Podemos citar: capacidade de liderança; conhecimento técnico e administrativo da unidade onde irá trabalhar; forte senso de conhecimento das necessidades do setor (físicas e humanas); habilidade técnica; e, principalmente, colocar-se no lugar do outro para que possa fazer um bom atendimento.
3. c
4. d
5. b

Capítulo 3

Questões para revisão

1. Investir mais em conhecimento e em cursos profissionalizantes, estimular a educação permanente nas unidades, contratar considerando-se habilidades e competências.
2. Seu papel é de articulador, de estimulador de crescimento. Ele deve exercer as funções exigidas para o cargo, tais como: planejar, organizar, dirigir e controlar as ações administrativas.
3. a
4. b
5. a

Capítulo 4

Questões para revisão

1. A escolha é realizada pela instituição de saúde; a avaliação é periódica e de acordo com a validade do certificado obtido; as informações obtidas (diagnóstico) são coletadas mas não divulgadas publicamente.
2. A desospitalização é uma tendência, pois o paciente deverá ter todos os cuidados necessários para ser tratado em casa. Portanto, a saúde da família sofrerá uma expansão em termos de atendimento, exigindo uma profissionalização maior, principalmente no que diz respeito às doenças dos idosos.
3. c
4. b
5. d

Capítulo 5

Questões para revisão

1. Visa disponibilizar informações sobre as atuais condições de infraestrutura de funcionamento de estabelecimentos de saúde em todas as esferas: federal, estadual e municipal.
2. Para informatizar as atividades do SUS, visando atender às diretrizes tecnológicas e tornar possíveis a descentralização das atividades e o controle social sobre os recursos disponíveis.
3. e
4. b
5. d

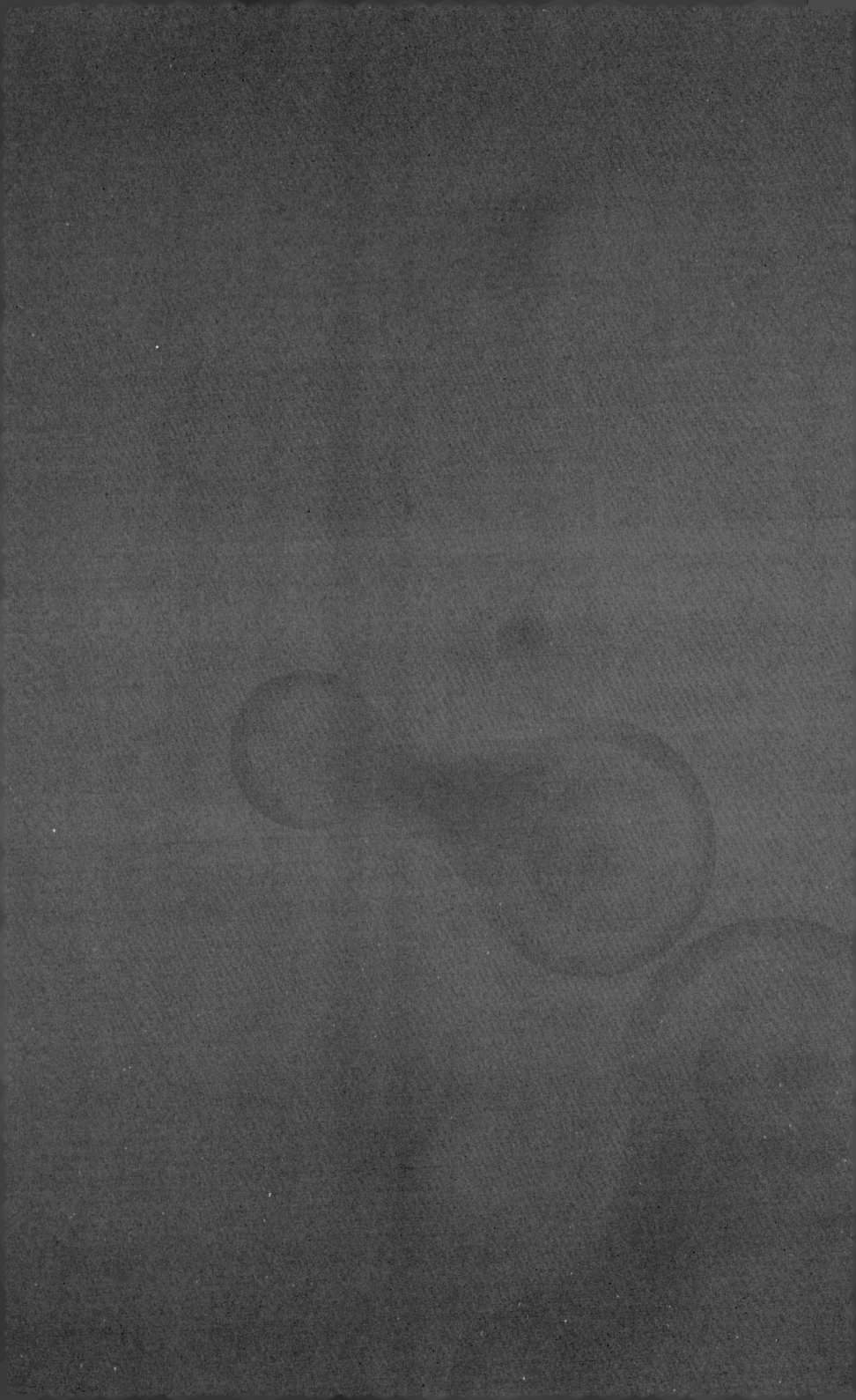

Sobre a autora

Teresinha Covas Lisboa é mestre em Administração Hospitalar pelo Centro Universitário São Camilo, doutora em Administração pela Universidade Presbiteriana Mackenzie e pós-doutora em Business Administration pela Florida Christian University (FCU). Tem especialização em Didática do Ensino Superior pela Universidade Presbiteriana Mackenzie e em Administração Hospitalar pelo Centro Universitário São Camilo.

Sua extensão universitária inclui as seguintes instituições: Harvard University; Drexel University; Massachusetts Institute of Technology (MIT); Yale University; Fundação Instituto de Administração (FIA); Fundação Getulio Vargas (FGV).

É coordenadora do Grupo de Excelência em Gestão de Instituições de Ensino Superior do Conselho Regional de Administração de São Paulo (CRA/SP) e membro do Grupo de Excelência de Administração em Saúde do CRA/SP.

Também é diretora do Sindicato das Empresas de Administração do Estado de São Paulo (Sindaesp), da Associação dos Administradores do Estado de São Paulo e da Federação Brasileira de Administradores Hospitalares. É presidente do Fundo de Apoio à Pesquisa e Extensão Ltda. (Fapesa), coordenadora dos cursos de pós-graduação da Faculdade Inesp (Instituto Nacional de Ensino e Pesquisa) e sócia-diretora da Escola Técnica Inesp.

Atua como docente em cursos de pós-graduação em Gestão Empresarial, Administração Hospitalar e dos Serviços de Saúde, Hotelaria Hospitalar, Gestão de Pessoas e Liderança pelas seguintes instituições: Inesp, Uni-Facef, Fehosp, Faap, Unifieo, Unisa, FCMSCSP e Universidade Metodista.

É membro da Comissão Técnica de elaboração da RDC-06/2012, que dispõe sobre as Boas Práticas de Funcionamento para as Unidades de Processamento de Roupas dos Serviços de Saúde (Anvisa), bem como membro da Comissão Técnica de Elaboração e Revisão do Manual de Processamento de Roupas de Serviços de Saúde: prevenção e controle de riscos (Anvisa).

Ainda, é autora e coautora de diversas obras nas áreas de administração geral, administração hospitalar e recursos humanos (RH), além de atuar como consultora na área de administração dos serviços de saúde.

Tem certificação em RH por experiência expedida pelo Conselho Federal de Administração em 18 de junho de 2015, sob o número E336RH88358542887.

É habilitada para a realização de peritagem sobre matérias da área de administração, com certificação expedida pelo Conselho Regional de Administração do Estado de São Paulo.

Apresentou diversos artigos em congressos nacionais e internacionais (Peru, Uruguai, França, Estados Unidos, Azerbaijão, Turquia, Finlândia, Portugal e Angola).

Junto ao Instituto de Pesquisas Hospitalares (IPH), fez várias visitas técnicas em empresas, hospitais públicos e privados nos Estados Unidos, no Canadá e na Europa. Algumas das instituições visitadas são: Methodist Dallas Medical Center (Texas, EUA); The University of Texas at Austin (EUA); MD Anderson Cancer Center (Texas, EUA); Florida Hospital Celebration Health (Flórida, EUA); Excellence Alf (Flórida, EUA).

Este produto é feito de material proveniente
de florestas bem manejadas certificadas
FSC® e de outras fontes controladas.

FSC
www.fsc.org
MISTO
Papel produzido
a partir de
fontes responsáveis
FSC® C107644

Impressão: Gráfica Mona
Março/2019